主　　编　孙晓勇　国家法官学院院长
　　　　　　　　　　最高人民法院司法案例研究院院长
副 主 编　胡田野　国家法官学院副院长
　　　　　　刘　畅　最高人民法院司法案例研究院规划部主任
主编助理　赵文轩　最高人民法院司法案例研究院规划部编辑
　　　　　　刘丽媛　最高人民法院司法案例研究院规划部编辑

《中国法院年度案例》编辑人员（按姓氏笔画）
王　锐　刘　畅　朱建伟　朱　琳　吴光荣　李晓果
李　谦　杨小利　胡　岩　赵文轩　唐世银　徐一楠
贾　停　曹海荣　梁　欣　程诗翰　程　瑛

本书编审人员　杨小利

中国法院2022年度案例

国家法官学院　最高人民法院司法案例研究院 / 编

执行案例

中国法制出版社
CHINA LEGAL PUBLISHING HOUSE

《中国法院2022年度案例》通讯编辑名单

凌　巍　北京市高级人民法院
刘晓虹　北京市高级人民法院
董　扬　天津市高级人民法院
王　佳　河北省高级人民法院
刘冬梅　山西省高级人民法院
杨智勇　内蒙古自治区高级人民法院
周文政　辽宁省高级人民法院
张功岩　吉林省高级人民法院
孙学诗　黑龙江省高级人民法院
牛晨光　上海市高级人民法院
戴鲁霖　江苏省高级人民法院
缪　芳　江苏省高级人民法院
符东杰　江苏省南通市中级人民法院
周耀明　江苏省无锡市中级人民法院
杨　治　浙江省高级人民法院
蒋　莹　浙江省高级人民法院
吴　婧　安徽省高级人民法院
林文君　福建省高级人民法院
章光园　江西省高级人民法院
王露爽　山东省高级人民法院
郭宇凌　河南省高级人民法院
宋淼军　湖北省高级人民法院
杨晓彤　湖北省宜昌市中级人民法院
唐　竞　湖南省高级人民法院
谢佩宏　广东省高级人民法院
邹尚忠　广西壮族自治区高级人民法院
韦丹萍　广西壮族自治区高级人民法院
李周伟　海南省高级人民法院
谭中平　重庆市高级人民法院
任　梦　四川省高级人民法院
李丽玲　云南省高级人民法院
石　瑾　云南省昆明市中级人民法院
龙　媛　贵州省高级人民法院
施辉法　贵州省贵阳市中级人民法院
王丽萍　西藏自治区高级人民法院
郑亚非　陕西省高级人民法院
吴　莹　甘肃省高级人民法院
央　措　青海省高级人民法院
康　莹　宁夏回族自治区高级人民法院
马小菊　新疆维吾尔自治区高级人民法院
王　琼　新疆维吾尔自治区高级人民法院生产建设兵团分院

序

党的十八大以来，以习近平同志为核心的党中央高度重视法治在推进国家治理体系和治理能力现代化中的重要作用，党的十九届六中全会通过的《中共中央关于党的百年奋斗重大成就和历史经验的决议》指出，必须坚持中国特色社会主义法治道路，贯彻中国特色社会主义法治理论，坚持依法治国、依法执政、依法行政共同推进，坚持法治国家、法治政府、法治社会一体建设，全面增强全社会尊法学法守法用法意识和能力。人民法院始终坚持以习近平法治思想为指导，把加强司法案例研究作为推进全面依法治国的重要途径，通过发布具有普遍指导意义的典型案例，统一法律适用、提高审判质效，提升司法公信力，努力让人民群众在每一个司法案件中感受到公平正义。《中国法院年度案例》丛书，旨在总结提炼典型案例的裁判规则和裁判方法，发挥司法规范、指导、评价、引领的重要作用，大力弘扬社会主义核心价值观，增强全民法治意识和法治素养，展现新时代我国法治建设新成就。

《中国法院年度案例》丛书自2012年编辑出版以来，已连续出版11年，受到读者广泛好评。近年来，为更加全面地反映我国司法审判执行工作的发展进程，顺应审判执行实践需要，响应读者需求，丛书2014年度新增金融纠纷、行政纠纷、刑事案例3个分册，2015年度将刑事案例调整为刑法总则案例、刑法分则案例2个分册，2016年度新增知识产权纠纷分册，2017年度新增执行案例分册，2018年度将刑事案例扩充为4个分册。自2020年起，丛书由国家法官学院与最高人民法院司法案例研究院共同编辑，每年年初定期出版。在全国各级人民法院的大力支持下，丛书编委会现编辑出版《中国法院2022年度案例》系列丛书，共23册。为助力实施环境资源审判专门化的司法政策，推进生态文明建设与绿色发展，自今年起，丛书将土地纠纷（含林地纠纷）分册改为土地纠纷（含环境资源纠纷）分册。

《中国法院年度案例》丛书以开放务实的态度、简洁明快的风格，在编辑中坚持以下方法，努力把案例书籍变得“好读有用”：一是高度提炼案例内容，控制案例篇幅，每个案例基本在3000字以内；二是突出争议焦点，剔除无效信息，尽可能在有限的篇幅内为读者提供有效、有益的信息；三是注重对裁判文书的再加工，大多数案例由案件的主审法官撰写“法官后语”，高度提炼、总结案例的指导价值，力求引发读者思考，为司法工作提供借鉴，为法学研究提供启迪。

《中国法院年度案例》丛书编辑工作坚持以下原则：一是广泛选编案例。国家法官学院和最高人民法院司法案例研究院每年通过各高级人民法院从全国各地法院汇集上一年度审结的典型案例近万件，使该丛书有广泛的精选基础，优中选优，可提供给读者新近发生的全国各地多种类型的典型性案例。二是方便读者检索。为体现以读者为本的宗旨，丛书分卷细化，每卷下还将案例主要根据案由分类编排，每个案例用一句话概括裁判规则、裁判思路或焦点问题作为主标题，让读者一目了然，迅速找到目标案例。

中国法制出版社始终全力支持《中国法院年度案例》丛书的出版，给了作者和编辑们巨大的鼓励。2022年，丛书将继续提供数据库增值服务。购买本书，扫描前勒口二维码，即可在本年度免费查阅往年同类案例数据库。我们在此谨表谢忱，并希望通过共同努力，逐步完善，做得更好，真正探索出一条编辑案例书籍、挖掘案例价值的新路，更好地服务社会主义法治国家建设、服务法治社会建设、服务学习研究法律的读者。

《中国法院年度案例》丛书既是法官、检察官、律师等法律工作者的办案参考和司法人员培训的实用教材，也是社会大众学法用法的经典案例读本，同时是教学科研机构案例研究的良好系列素材。当然，案例作者和编辑在编写过程中也难以一步到位实现最初的编写愿望，客观上会存在各种不足甚至错误，欢迎读者批评指正。我们愿听取各方建议，不断扩宽深化司法案例研究领域，立足新发展阶段，实现中国特色司法案例研究事业的高质量发展。

国家法官学院

最高人民法院司法案例研究院

2022年1月

目　录

Contents

一、对不动产的执行

二、对金钱和账户的执行

三、对动产的执行

（一）对机动车的执行

（二）对担保物的执行

四、对调解协议的执行

五、对债权的执行

六、特殊情况下的执行

一、对不动产的执行

1

涉房产执行案件中案外人执行异议成立的条件

——廖某琴诉某小额贷款公司案外人执行异议之诉案

【案件基本信息】

1. 裁判书字号

湖北省恩施土家族苗族自治州中级人民法院（2019）鄂28民终2462号民事判决书

2. 案由：案外人执行异议之诉

3. 当事人

原告（被上诉人、执行案外人）：廖某琴

被告（上诉人、申请执行人）：某小额贷款公司

第三人（被执行人）：彭某

【基本案情】

彭某与案外人廖某云原系夫妻关系，婚后生育一女廖某琴。彭某与廖某云婚姻关系存续期间修建一栋四层楼的私房（以下简称诉争房产）。2001年10月15日，彭某与廖某云自愿签署《离婚协议书》，约定诉争房产归女儿廖某琴所有。2007年12月19日，廖某云向人民法院起诉请求判令诉争房产归自己所

有。该院于2008年6月30日作出（2008）恩民初字第76号民事判决书，判决驳回廖某云的诉讼请求，该判决书并经二审维持。因修建诉争房产土地使用相关手续初始登记在彭某名下，2009年彭某以自己的名义申请对诉争房产办理了土地使用权证及房屋所有权证。

2011年1月25日，彭某因需贷款将诉争房产抵押给某银行施南支行并办理了抵押登记。2018年3月8日，廖某琴就与彭某诉争房产所有权确认纠纷一案向人民法院提起诉讼，该院于2018年5月31日作出民事调解书，约定诉争房产的所有权属于廖某琴，彭某协助廖某琴办理产权过户手续……2018年3月9日，某小额贷款公司与彭某民间借贷纠纷一案由人民法院作出民事调解书，约定彭某在2018年3月10日偿还完某小额贷款公司借款本金1000000元及利息。该民事调解书发生法律效力后，彭某未按调解书约定履行义务，某小额贷款公司向人民法院申请强制执行，该院于2018年5月14日作出（2018）额2827执273号之二执行裁定书，裁定查封诉争房产。2018年7月19日，廖某琴向人民法院提出书面异议请求被裁定驳回后，2018年8月7日，廖某琴向该院提起案外人执行异议之诉。

2019年1月15日，诉争房产被人民政府征收，彭某与人民政府签署《房屋征收补偿协议》，协议约定：人民政府给予彭某一次性货币补偿款4176104.93元。2019年1月22日，人民法院裁定提取彭某在人民政府的房屋征收补偿款。

【案件焦点】

廖某琴对涉案诉争房产是否具有足以阻止执行的实体民事权益。

【法院裁判要旨】

湖北省恩施土家族苗族自治州来凤县人民法院经审理认为，廖某琴对涉案诉争房产具有足以阻止执行的实体民事权益，理由如下：一、彭某无恶意串通逃避债务的主观故意。彭某与廖某云签订《离婚协议书》时即将诉争房产赠与廖某琴，该赠与行为在前，某小额贷款公司债权形成在后。二、诉争房产不是某小额贷款公司债权期待实现的责任财产。诉争房产已经因彭某与廖某云的离婚协议约定而不再是彭某与廖某云的责任财产，自然也不能成为其债权期待实现的责任财产，且廖某琴未完成对诉争房产的变更登记并非其主观故意而系客观不能。三、廖某琴享有的物权请求权具有优先性。廖某琴对某小额贷款公司的借款并未使用分文，且在其父母离婚时一直实际占有并使用诉争房产，该房产是其生活的重要保障，该请求权相比于某小额贷款公司的一般普通债权具有优先性。

鉴于该诉争房产现已被人民政府征收，该房屋不动产物权实际已转化为征收补偿款的财产性权利，廖某琴对诉争房产所有权变更登记到其名下的请求权，自然享有对该房产征收拆迁补偿款的所有权。根据《最高人民法院关于适用〈中华人民共和国民事诉讼法〉的解释》[①] 第三百一十二条的规定，对案外人提起的执行异议之诉，案外人同时提出确认其权利的诉讼请求的，人民法院可以在判决中一并作出判断，故廖某琴请求确认诉争房产对应的拆迁补偿款所有权人为廖某琴的诉讼请求应当予以支持。综上，湖北省来凤县人民法院作出如下判决：一、不得执行恩施市龙凤镇石桥河的房屋一栋（房号：×幢×单元 101、201、301、401，产权证号：恩施市字第 20×××××77 号）对应的房屋拆迁补偿款；二、确认恩施市龙凤镇石桥河的房屋一栋（房号：×幢×单元 101、201、301、401，产权证号：恩施市字第 20×××××77 号）对应的征地拆迁补偿款所有权人为廖某琴。

某小额贷款公司不服一审判决，提出上诉，二审法院同意一审法院的意见。湖北省恩施土家族苗族自治州中级人民法院依照《中华人民共和国民事诉讼法》[②] 第一百七十条第一款第（一）项之规定，作出如下判决：驳回上诉，维持原判。

---

① 配合《中华人民共和国民法典》的施行，最高人民法院对大量司法解释进行了修正。本书收录的部分案例裁判于相关司法解释修正之前，适用的是当时有效的司法解释。下文将不再对此进行提示。

② 《中华人民共和国民事诉讼法》已于 2021 年 12 月 24 日修改，于 2022 年 1 月 1 日实施。本书收录案例均裁判于该法修改之前，适用的是当时有效的条文，下文将不再对此进行提示。

【法官后语】

法院在强制执行过程中，被执行人的房屋作为重要资产，常常被列为执行的对象，由于经济活动的复杂性和物权公示制度在彰显权利归属上的有限性，人民法院应申请执行人的申请对登记在被执行人名下的房屋进行查封、扣押时可能会因房屋的真实权利人与房屋登记权利人不一致导致房屋的实质权利人与申请执行人对房屋的执行权利产生冲突。这就需要法官在审理案外人涉房执行异议之诉时从主客观方面对案外人是否对案涉房屋享有实体权利进行实质性审查：

一、主观要素认定

（一）执行案外人是否存在恶意串通逃避债务的主观故意

被执行人为逃避债务与案外执行人恶意串通损害债权人合法权益的行为在主观上便是一种故意，此时无需考虑客观标准即可认定案外人不具有排除执行的权利，反之，则可以作为排除执行的要件之一。本案中彭某与廖某云离婚协议约定将诉争房产划归廖某琴所有在前，且系夫妻双方真实意思表示，而某小额贷款公司的债权形成在后，两者相隔16年之久，廖某琴不存在恶意串通逃避债务的主观故意。

（二）执行案外人未及时办理不动产物权登记是否存在主观上的故意或重大过失

《中华人民共和国民法典》规定了不动产物权登记的效力，不动产物权登记制度是对社会市场交易秩序的一种维护，法律不保护在权利上睡觉的人，而对司法实践中积极行使自己权利的公民应当依法予以肯定。本案中廖某琴一直在积极地行使对诉争房产变更登记请求权，因诉争房产初始登记在彭某名下，且办理了抵押登记，导致廖某琴客观上不能办理变更登记，廖某琴主观上并不存在拖延办理变更登记的故意或过失。

二、客观要素认定——房屋的真实权属优先于房屋登记的外观权属

登记是不动产物权公示的方法，它具备的仅仅是物权归属的推定效力，并不能完全真实体现物权的归属情况。《最高人民法院关于适用〈中华人民共和

国民法典〉物权编的解释（一）》第二条也规定："当事人有证据证明不动产登记簿的记载与真实权利状态不符，其为该不动产物权的真实权利人，请求确认其享有物权的，应予支持。"本案中，彭某与廖某云签署《离婚协议书》时即将诉争房产划归廖某琴所有，其本质上应属于夫妻双方对家庭所有的不动产的处分行为，其处分的目的就是引起诉争房产的物权变动。《中华人民共和国民法典》规定基于人民法院的法律文书、人民政府的征收决定、继承等因素引起物权变动的，不以登记为不动产物权变动的生效要件，相关权利人当然地取得不动产物权。本案中廖某琴之父廖某云死亡后，廖某琴当然地享有对廖某云部分遗产的继承权，且彭某也在法院生效法律文书中对诉争房产的所有权予以了确认。廖某琴作为诉争房产真实权利人，自然具备排除执行的权利。

本案中因诉争房产已被政府依法征收且相关征收补偿款已经到账，廖某琴所享有的物权请求权已经转化为征收补偿款的财产性权利，廖某琴作为诉争房产的所有人当然对该房产征收补偿款享有所有权。据此认定廖某琴请求不得执行诉争房产对应的房屋拆迁补偿款的诉讼请求及请求确认该房屋对应的拆迁补偿款所有权人为廖某琴的诉讼请求，依法应当予以支持。

编写人：湖北省恩施土家族苗族自治州咸丰县人民法院　王君娥

2

执行程序中被执行人未成年子女名下房产的处理

——陈某阳、陈某羽诉颜某全、陈某根执行异议之诉案

【案件基本信息】

1. 裁判书字号

江苏省无锡市中级人民法院（2020）苏 02 民终 1592 号民事判决书

2. 案由：执行异议之诉

3. 当事人

原告（上诉人、案外人）：陈某阳、陈某羽

被告（被上诉人、申请执行人）：颜某全

被执行人（原审第三人）：陈某根

【基本案情】

2018年11月7日，颜某全与陈某根民间借贷纠纷一案，江苏省无锡市惠山区人民法院作出（2018）苏0206民初2404号民事判决书，因陈某根未履行生效法律文书所确定的义务，申请执行人颜某全向江苏省无锡市惠山区人民法院申请强制执行，在执行过程中，法院于2019年4月1日查封了案外人陈某阳、陈某羽名下坐落于无锡市惠山区某小区的房产。案外人陈某阳、陈某羽提出异议，认为法院无权查封。

经查，案外人陈某阳、陈某羽系被执行人陈某根与其前妻石某敌的子女，陈某阳2003年7月8日生，陈某羽2010年1月2日生。2009年6月23日，陈某根与石某敌协议离婚。现陈某阳、陈某羽均由石某敌抚养。

2011年12月13日，陈某阳、陈某羽与顾某旗、刘某兰签订房屋买卖合同一份，约定顾某旗、刘某兰自愿将坐落于无锡市惠山区某小区的房屋作价75万元出售给陈某阳、陈某羽。因顾某旗、刘某兰的子女在学区上学，双方约定在协议签订后5年办理过户手续。后顾某旗、刘某兰未依约办理过户手续，陈某阳、陈某羽诉至无锡市惠山区人民法院，审理过程中查明，顾某旗、刘某兰系委托颜某全出售该房屋的，购房款75万元已于2011年12月12日尽数以现金的形式由陈某根在颜某全的店中交付给颜某全，颜某全出具的收条载明房款已一次性付清。陈某阳、陈某羽的委托诉讼代理人在该案中自述购房款的组成为陈某根家中现金25万元、向任某萍借款20万元、向阮某借款30万元，上述事实亦由任某萍、阮某证实。后无锡市惠山区人民法院于2018年7月24日作出（2018）苏0206民初862号民事判决，判决陈某阳、陈某羽与顾某旗、刘某兰于2011年12月13日签订的房屋买卖合同继续履行，顾某旗、刘某兰于判决发生法律效力后十日内协助陈某阳、陈某羽办理无锡市惠山区某小区的房屋过户手续。经陈某阳、陈某羽申请强制执行，2019 年 3 月 8 日，该房产所有权人变更登记为陈某阳、陈某羽。

另查明，2015 年 8 月 15 日，陈某根向颜某全出具借条一张，借条载明“今借颜某全人民币壹佰肆拾玖万元，于 2016 年 8 月 15 日前还本付息”。

【案件焦点】

强制执行程序中对登记在被执行人未成年子女名下的房屋能否执行。

【法院裁判要旨】

江苏省无锡市惠山区人民法院经审理认为：首先，关于本案所涉房屋的购房款来源，房屋买卖合同签订时陈某阳、陈某羽均系未成年人，并没有与房屋转让款对应的收入来源，故案涉房产应认定系陈某根出资购买并登记在其未成年人子女名下。其次，陈某根与颜某全的债权债务关系发生在 2013 年左右，而案涉房产于 2019 年 3 月 8 日登记在陈某阳、陈某羽名下，在陈某根负有债务的情况下，案涉房产登记在陈某阳、陈某羽名下，损害了债权人的利益。另外，案涉房产实际由陈某根的弟弟陈某青租住其中，陈某阳、陈某羽实际同其母亲石某敬居住，故案涉房产并非陈某阳、陈某羽基本生活所需。

综上，陈某阳、陈某羽虽系案涉房产的登记权利人，但综合案涉房产的出资情况、登记时间、陈某根的负债情况以及房屋的实际使用情况等，陈某阳、陈某羽并非案涉房产的实际权利人，故其要求排除强制执行的诉讼请求，法院不予支持。

江苏省无锡市惠山区人民法院依据《中华人民共和国民事诉讼法》第二百二十七条，《最高人民法院关于适用〈中华人民共和国民事诉讼法〉的解释》第三百零四条、第三百零六条、第三百零八条、第三百一十一条、第三百一十三条，《最高人民法院关于人民法院办理执行异议和复议案件若干问题的规定》第二十四条之规定，判决如下：

驳回陈某阳、陈某羽的诉讼请求。

陈某羽、陈某阳不服江苏省无锡市惠山区人民法院作出的一审判决，向江苏省无锡市中级人民法院提起上诉。

江苏省无锡市中级人民法院经审理认为，案涉房产登记的所有权人为陈某阳、陈某羽，故根据《中华人民共和国物权法》[①] 第九条第一款的规定，不动产物权的设立、变更、转让和消灭，经依法登记，发生效力，但法律另有规定的除外。故本案案涉房产如无法律另有规定，应为陈某阳、陈某羽所有。陈某阳、陈某羽虽系未成年人，不具备支付大额房款的能力，但作为顾某旗、刘某兰的售房委托代理人颜某全仍参与签订了该房屋买卖协议，说明颜某全对陈某阳、陈某羽的父母作为实际出资人是知晓的，颜某全也于 2011 年 12 月 12 日出具了收到 75 万元购房款的收条，房款已全部结清，故陈某阳、陈某羽通过父母出资取得案涉房屋是真实的，并无不合法之处。同时，陈某根、石某敬支付的购房款是于 2011 年 12 月 12 日全部付清的，对此颜某全作为售房代理人是参与和知晓的。而陈某根与颜某全的借贷关系产生于 2015 年 8 月，此时颜某全对陈某根系个人借款及案涉房产系其陈某阳、陈某羽名下购买也是明知的，故本案不存在石某敬、陈某根以离婚为名逃避案涉房产归还案涉债务的恶意。

江苏省无锡市中级人民法院依据《中华人民共和国民事诉讼法》第一百七十条第一款第（二）项和《最高人民法院关于适用〈中华人民共和国民事诉讼法〉的解释》第三百一十二条第一款第（一）项的规定作出判决如下：

一、撤销无锡市惠山区人民法院（2019）苏 0206 民初 4245 号民事判决；

二、不得执行陈某阳、陈某羽名下坐落于无锡市惠山区理想城市花园 868-××××的房产［无锡市惠山区人民法院作出的（2018）苏 0206 执 608 号执行裁定］。

【法官后语】

该案例实际上涉及三个法律层面的问题，分别为物权法定主义、赠与法律

---

① 《中华人民共和国民法典》于 2021 年 1 月 1 日起实施，《中华人民共和国合同法》《中华人民共和国物权法》《中华人民共和国侵权责任法》《中华人民共和国民法总则》等同时废止。本书收录的部分案例裁判于《中华人民共和国民法典》生效前，适用的是当时有效的法律规定，下文将不再对此进行提示。

关系、债权人的利益保护问题，这三个层面是层层递进、依次展开的逻辑关系，也是一个法律正向推理的过程。

物权法定主义作为民事物权法领域的一条基本原则，已明确物权的种类与内容只能由法律来规定，不允许当事人自由创设。物权，又称对世权、绝对权，《中华人民共和国民法典》第二百零九条第一款明确规定，不动产物权的设立、变更、转让和消灭，经依法登记，发生效力；未经登记，不发生效力，但法律另有规定的除外，该条表明，不动产物权采用登记生效主义。既然本案中陈某阳、陈某羽系不动产登记簿上记载的权利人，根据物权法定主义，无论陈某阳、陈某羽系何种民事行为能力人，其当然系涉案房产的所有权人，毋庸置疑。

既如此，陈某阳、陈某羽非被执行人，为何法院仍然会查封其名下的房屋呢？这里就涉及赠与法律关系与债权人利益的保护冲突问题。因本案中的被执行人陈某根系陈某阳、陈某羽之父，陈某阳、陈某羽又系未成年人，根据常识判断，其根本无经济能力来购买价值较大的房屋，申请执行人颜某全完全有理由怀疑该涉案房产系陈某根为逃避其债务，将房产赠与其子女的，故颜某全对陈某阳、陈某羽对房产的所有权发起挑战，请求法院予以查封，也有法可依。本案最终还是被判决为不得执行涉案房产，因为从现有证据看，被执行人陈某根不存在无偿转让财产逃避颜某全债务的行为，虽然陈某阳、陈某羽获得涉案房产物权的时间为 2018 年，但其取得物权所依据的基础法律事实发生在 2011 年，且不论该案中钱款是否由陈某根所出，即便系陈某根所出，因 2011 年颜某全与陈某根的债的关系尚未发生，在颜某全提供不出有利的证据前提下，陈某根将其所购房屋赠与其子女完全属于一个合法的行为，该行为并未损害到债权人颜某全的利益。故法院据此作出的判决完全符合法律规定，也符合法律精神。

编写人：江苏省无锡市惠山区人民法院　陈钦欢

3

离婚协议对房屋所有权的约定能否排除执行

——李某诉陈某秋、陈某宇执行异议之诉案

【案件基本信息】

1. 裁判书字号

沈阳市中级人民法院（2020）辽01民终3823号民事判决书

2. 案由：执行异议之诉

3. 当事人

原告（被上诉人）：李某

被告（上诉人）：陈某秋

第三人：陈某宇

【基本案情】

李某与陈某宇于2003年5月30日登记结婚。2007年1月26日，位于彰武县建设街21-2幢×号建筑面积86.29平方米住宅楼（以下简称案涉房屋）登记在陈某宇名下，陈某宇取得该房屋《房屋所有权证》。2014年8月15日，陈某宇与李某签订《离婚协议书》约定案涉房屋归李某所有，房屋贷款由李某偿还，婚生子由李某抚养。同日两人登记离婚。此后李某及其所抚养婚生子陈某一在案涉房屋居住，但并未办理案涉房屋产权变更登记。另查，陈某宇于2018年1月30日至2019年8月12日用其住房公积金账户资金偿还案涉房屋房贷。

2018年12月10日，辽宁省沈阳市法库县人民法院（以下简称法库县人民法院）作出（2018）辽0124民初2275号民事判决，确认陈某宇父亲陈某新在

陈某秋处非法吸收存款，至陈某新被刑事拘留时共欠陈某秋本息合计 45 万元，陈某宇于 2014 年 8 月 20 日为陈某秋出具 45 万元欠条，即陈某新欠款转由陈某宇承担。法库县人民法院判决陈某宇偿还陈某秋欠款 45 万元。陈某宇提起上诉，沈阳市中级人民法院作出（2019）辽 01 民终 2827 号民事判决，判决驳回上诉维持原判。

后该案进入执行阶段，2019 年 8 月 12 日法库县人民法院裁定查封案涉房屋。8 月 15 日李某提出书面执行异议，请求停止对案涉房屋执行。8 月 28 日，法库县人民法院作出（2019）辽 0124 执异 168 号执行裁定，驳回李某的异议请求。李某不服该裁定，提起本案执行异议之诉。

【案件焦点】

陈某宇与李某签订的《离婚协议书》关于案涉房屋归李某所有的约定，在房屋所有权未变更登记至李某名下情况下，能否排除执行。

【法院裁判要旨】

辽宁省沈阳市法库县人民法院经审理认为：案涉房屋为李某与陈某宇夫妻存续期间共同财产。虽然案涉房屋产权变更未作登记，但李某与陈某宇签订的《离婚协议书》已约定案涉房屋归李某所有。陈某宇对陈某秋的债务是其个人债务且形成于离婚协议之后，证明双方并非假离婚而恶意逃债。另外，陈某宇在本案中负有过错，案涉房屋为李某及其所抚养婚生子唯一住房，故对李某的诉讼请求予以支持。

法库县人民法院作出如下判决：

一、停止对位于彰武县建设街 21-2 幢×号×单元×室建筑面积 86.29 平方米住宅楼房产的执行；

二、确认李某与陈某宇于 2014 年 8 月 15 日签订的《离婚协议书》有效；

三、确认位于彰武县建设街 21-2 幢×号×单元×室建筑面积 86.29 平方米住宅楼房屋产权归李某所有；

四、驳回李某的其他诉讼请求。

陈某秋提起上诉。辽宁省沈阳市中级人民法院经审理认为：案涉房屋作为李某与陈某宇的共有财产，虽然《离婚协议书》约定该房屋归李某所有，但该约定不属于法律规定的可不经登记直接发生物权效力的情形。故李某在取得登记前，对该房屋享有的并非物权，仍是债权性权利。故一审法院确认案涉房屋归李某所有不当，本院予以纠正。关于李某是否能够排除执行：首先，李某对案涉房屋权利形成于陈某秋债权之前。从权利内容看，李某享有的请求权直接针对案涉房产，而陈某秋享有的是普通金钱债权，未指向特定财产。结合陈某秋的债权为陈某宇的个人债务，李某对案涉房屋的权利应具有优先性。其次，《离婚协议书》形成时间早于陈某宇出具欠条时间，且该协议书中对财产和债务的分割并未特别倾斜于一方，符合常理。本案也无充分证据证明存在虚假离婚逃避债务情形。最后，李某对案涉房屋的权利包含了基本的居住权，相比于陈某秋的普通金钱债权具有一定的优先性。综上所述，李某对案涉房屋享有的权利能够阻却本案法院的执行。

辽宁省沈阳市中级人民法院依照《中华人民共和国民事诉讼法》第一百七十条第一款第（二）项之规定，作出如下判决：

一、维持法库县人民法院（2019）辽 0124 民初 3522 号民事判决第一项、第二项；

二、撤销法库县人民法院（2019）辽 0124 民初 3522 号民事判决第三项、第四项；

三、驳回陈某秋上诉请求；

四、驳回李某的其他诉讼请求。

【法官后语】

对于离婚协议约定房产归一方所有，但未办理变更登记时案外人是否可据此排除执行的问题，法律与司法解释尚无明确规定。笔者认为可从以下方面考量案外人权利是否能够排除执行：首先，应判断是否存在恶意逃避债务的情形，具体而言，可结合离婚时间与债务形成时间先后、离婚行为是否合理及离婚协议对财产和债务的约定是否过度倾向一方等因素。其次，参照

《最高人民法院关于人民法院办理执行异议和复议案件若干问题的规定》第二十八条、第二十九条关于物权期待权的规定，离婚协议的形成时间应在申请执行人债权形成以及执行标的房屋被查封之前，案外人应在查封前合法占有房屋且对未能办理变更登记无过错。再次，案外人基于离婚协议的约定，享有的是直接指向执行标的房屋的请求权。而如果申请执行人是基于金钱债权查封该房屋，其权利并不指向该房屋，案外人权利相比而言应具有优先性。而如申请执行人的债权为直接指向该房屋的非金钱债权，则其基于物权公示公信力对该房屋享有的权利应予以优先保护，案外人不能排除执行。最后，还应注重对案外人基本生存权的维护。实践中离婚取得房产的一方通常为子女的抚养方，如案外人无其他住房，该房产为保障期生活居住的唯一房产，则应奉行生存利益优先的原则，不得执行该房产。本案法院按照上述思路，确定案外人李某对案涉房屋享有足以排除执行的民事权益，保护了无过错方李某的基本生存居住权。

本案一审与二审的分歧在于，一审法院认为离婚协议对财产的约定可以直接产生物权变动的效果，故直接确认案涉房屋归李某所有。但二审法院认为，《中华人民共和国物权法》与《中华人民共和国民法典》均规定基于法律行为的不动产物权变动，应以登记为依据。离婚协议对财产的分割不属于法定的可以直接变动物权的情形，不能直接产生物权变动效力，故案外人李某对案涉房屋享有的仅为请求办理变更登记的请求权，应属于债权性权利。故二审法院对一审判决的所有权确认部分予以改判。

编写人：辽宁省沈阳市中级人民法院　王虹　勾雪峰

4

金钱债权执行中，案外人对被执行人的拆迁安置房提出异议，符合一定条件可以排除执行

——沈某芬诉丁某娟等申请执行人执行异议之诉案

【案件基本信息】

1. 裁判书字号

江苏省无锡市惠山区人民法院（2020）苏0206民初437号民事判决书

2. 案由：申请执行人执行异议之诉

3. 当事人

原告：沈某芬

被告：丁某娟、邓某兴、许某华

【基本案情】

2017年2月16日，邓某兴与许某华签订《安置房买卖协议》一份，邓某兴将其位于无锡市惠山区长乐苑51-××××号房屋以18万元出售给许某华。后邓某兴出具《收条》两份，确认收到许某华购房款18万元。2018年10月24日，丁某娟与许某华签订《房屋买卖合同》一份，约定：许某华将位于无锡市惠山区长乐苑51-××××号房屋以52万元出售给丁某娟，丁某娟于合同签订之日支付定金5000元，于合同签订之日起十五日内支付首期购房款39.5万元，剩余房款于产权证下来一次性交付给许某华。邓某兴亦在该合同落款处签名。合同签订后，丁某娟支付购房款40万元。2020年8月24日，丁某娟将剩余房款12万元交付至无锡市惠山区人民法院。丁某娟购买案涉房屋后一直居住在内，且多次要求办理房屋登记过户手续。惠山区长安街道拆迁管理办公室出具

《证明》一份，内容为：邓某兴因惠山开发区建设需要原老房已拆除，实际安置面积186平方米，现安置房在长乐苑51-××××号。长乐苑51-××××号房屋已经满足办理产权证的条件，但因该房屋在办证过程中于2019年8月21日被本院查封，故目前尚未办理产权证。

沈某芬因对邓某兴享有金钱债权，向江苏省无锡市惠山区人民法院申请强制执行。2019年8月21日，江苏省无锡市惠山区人民法院查封案涉房屋。执行过程中，案外人丁某娟提出执行异议。江苏省无锡市惠山区人民法院审查后，于2019年12月10日裁定解除对案涉房屋的查封，故沈某芬提起申请执行人执行异议之诉，请求准许执行上述房屋。

【案件焦点】

案外人对被执行人名下的拆迁安置房是否享有足以排除执行的权利。

【法院裁判要旨】

江苏省无锡市惠山区人民法院审理后认为：金钱债权执行中，买受人对登记在被执行人名下的不动产提出异议，符合下列情形且其权利能够排除执行的，人民法院应予支持：（一）在人民法院查封之前已签订合法有效的书面买卖合同；（二）在人民法院查封之前已合法占有该不动产；（三）已支付全部价款，或者已按照合同约定支付部分价款且将剩余价款按照人民法院的要求交付执行；（四）非因买受人自身原因未办理过户登记。丁某娟在案涉房屋被查封前即与许某华签订书面房屋买卖合同，邓某兴亦在该合同中签字认可，丁某娟提供的银行转账记录、煤气缴纳凭证可以证明其在案涉房屋查封前已经合法占有该房屋，并已经按照合同约定支付部分购房款且将剩余价款按照人民法院的要求交付至江苏省无锡市惠山区人民法院。虽然案涉房屋未办理过户登记，但丁某娟积极要求办理产权过户登记手续，不存在主观过错，且经法院向惠山区长安街道拆迁管理办公室调查查明，案涉房屋已经符合产权证办理的条件，仅是由于在办证过程中被查封导致目前未能办理产权证，故非因丁某娟自身的原因未能办理过户登记。江苏省无锡市惠山区人民法院认为丁某娟已经举证证明其对执行标的享有足以排除强制执行的民事权益。

江苏省无锡市惠山区人民法院依照《中华人民共和国民事诉讼法》第二百二十七条，《最高人民法院关于适用〈中华人民共和国民事诉讼法〉的解释》第三百零四条、第三百零六条、第三百零八条、第三百一十一条、第三百一十三条，《最高人民法院关于人民法院办理执行异议和复议案件若干问题的规定》第二十八条之规定，作出如下判决：

驳回沈某芬的诉讼请求。

【法官后语】

我国现行法律规范将执行异议之诉区分为三种类型：案外人执行异议之诉、申请执行人执行异议之诉及执行分配方案异议之诉。本案虽系申请执行人执行异议之诉，但判断执行标的能否执行，需查明案外人就执行标的是否享有足以排除强制执行的民事权益，以此确定案外人所享有的权利在效力上是否优先于申请执行人的权利。在考量权利优先性问题时，应当结合案外人与执行标的的关系的性质、被执行人对执行标的支配权的范围、执行标的是否构成交易的信赖等因素予以综合判断。即应首先对案外人享有的实体权利作出认定后，结合执行行为依据的请求权性质和类型，对于两种权利的优先性进行比较分析，审查案外人所享有的民事权利是否优先于执行依据的请求权，从而判断其异议能否成立。

本案特殊性在于执行标的系被执行人因拆迁所得安置房，拆迁安置房未进行不动产登记，买受人能否申请排除执行。审理法院认为，拆迁安置房系对被拆迁人的整体补偿，具有对价性，且缴纳了土地出让金即可在市场流通，因此涉及拆迁安置房的买卖合同不属于因政策原因限制转让的合同，即所涉买卖合同系有效合同。因此，只要买受人能够证明其在人民法院查封之前已签订书面买卖合同，并在人民法院查封之前已合法占有该不动产，支付全部价款，或者已按照合同约定支付部分价款且将剩余价款按照人民法院的要求交付执行和非因买受人自身原因未办理过户登记的，即应认定其享有排除执行的权利。案外人执行异议之诉应界定为诉讼救济之诉，属于兼具确认之诉和形成之诉的新型诉讼形态。正是基于这种新型的诉讼类型，在执行异议之诉案件审理中，既要就原告对执行标的是否具有某种实体权利作出审查，又要对该实体权利能否阻却强制执行进行判断，唯此方能真正发挥其不同于一般确认之诉的功能。上述内容的审查，应该作为案外人执行异议之诉的基本审理思路，以最终确定案外人提起的执行异议之诉是否能够成立。

编写人：江苏省无锡市惠山区人民法院　季静娜

5

经济适用房买受人物权期待权的认定

——黄某诉秦某明、第三人徐某婷案外人执行异议之诉案

【案件基本信息】

1. 裁判书字号

江苏省无锡市中级人民法院（2020）苏02民终3785号民事判决书

2. 案由：案外人执行异议之诉

3. 当事人

原告（上诉人、案外人）：黄某

被告（被上诉人、申请执行人）：秦某明

第三人（被执行人）：徐某婷

【基本案情】

黄某诉称：其于2010年5月9日与徐某婷签订合法有效的房屋买卖合同，约定徐某婷将无锡南湖家园118-××××室房屋（以下简称涉案房屋）转让给原告。合同签订后，原告付清房款，并占有使用涉案房屋至今。后涉案房屋在允许上市交易前被法院查封，未能办理过户手续并非原告自身原因所致。综上，原告对涉案房屋享有物权期待权，请求排除执行。

秦某明辩称：不动产物权变动未经登记不发生效力，涉案房屋登记在徐某婷名下，黄某未办理登记，不具有所有权。黄某在签订房屋买卖合同时，涉案房屋尚未符合上市交易的条件，房屋买卖合同违反强制性规定，无法取得变更不动产登记的效力，无法对抗其申请执行，黄某也无证据证明涉案房屋未办理过户非本人过错，故黄某不符合一般不动产买受人物权期待权成立的条件，法院有权对涉案房屋进行强制执行，请求驳回黄某的诉讼请求。

经审理查明，2016年8月11日，江苏省无锡市梁溪区人民法院对秦某明诉徐某婷民间借贷纠纷一案作出（2016）苏0203民初766号民事判决，徐某婷应归还秦某明借款本金100万元及相应利息等。徐某婷不服，提起上诉。2017年1月6日，江苏省无锡市中级人民法院作出（2016）苏02民终4601号民事判决：驳回上诉，维持原判。判决生效后，江苏省无锡市梁溪区人民法院立案强制执行。在本案执行过程中，江苏省无锡市梁溪区人民法院于2017年9月20日轮候查封涉案房屋。案外人黄某对本案执行标的提出异议后，江苏省无锡市梁溪区人民法院于2019年12月27日作出（2019）苏0213执异138号执行裁定，驳回案外人黄某的异议请求。黄某不服该裁定，提起执行异议之诉。

涉案房屋登记在徐某婷名下，属于经济适用房，于2014年9月18日之前不得进入市场。2009年12月24日，黄某以2万元价格向徐某婷父亲徐某忠购得涉案房屋的房票。2010年5月9日，黄某与徐某忠签订《经济适用房转让协议书》，约定徐某忠向黄某转让涉案房屋，只收取住房转让费2万元，购房款278608元由黄某自行负担；5年后，徐某忠应配合黄某办理房屋过户手续，过户费用由黄某承担等。2014年3月24日，原江苏省无锡市崇安区人民法院（以下简称崇安法院，已并入江苏省无锡市梁溪区人民法院）在吴某诉徐某婷等民间借贷纠纷一案［案号为（2014）崇民初字第0214号］中首次查封涉案房屋。该案进入执行程序后，崇安法院于2016年3月16日续查封一次。后因查封期限届满未续封，本案轮候查封自动生效。2017年7月30日，徐某婷出具情况说明，称徐某忠系受其全权委托与黄某于2010年5月9日签订的《经济适用房转让协议书》。

【案件焦点】

黄某对涉案房屋是否享有排除本案执行的合法权益。

【法院裁判要旨】

江苏省无锡市梁溪区人民法院经审理认为：本案系在金钱债权执行中，买受人对登记在被执行人名下的不动产提出异议，可参照适用《最高人民法院关于人民法院办理执行异议和复议案件若干问题的规定》第二十八条的规定，买受人请求排除执行的，应当同时符合下列四个条件：1. 在法院查封之前已签订合法有效的书面买卖合同；2. 在法院查封之前已合法占有该不动产；3. 已支付全部价款，或者已按照合同约定支付部分价款且将剩余价款按照法院的要求交付执行；4. 非因买受人自身原因未办理过户登记。比照上述规定，黄某不具备物权期待权成立的必要条件，无权据此排除涉案房屋的执行，理由如下：其一，黄某与徐某婷签订的《经济适用房转让协议书》因违反社会公共利益而无效。根据涉案房屋的房屋登记簿证明，黄某向徐某婷购买的系经济适用房，而非拆迁安置房。经济适用房系国家为保护低收入群体的住房权益而安排的政策性房屋，供应对象为城市低收入住房困难家庭，体现了社会公共利益。黄某在禁售期内通过向徐某婷购买房票的方式低价购买涉案房屋，损害社会公共利益，应属无效。其二，黄某未提供充分证据证明其已支付全部房款。黄某主张现金支付15万元首付款，如此大额款项以现金方式交付有违常理，且其提供的收款说明系徐某婷事后出具，本院不予采信；其主张徐某芳代为归还的贷款，仅提供48600元对应的存款凭条，无法证明全部房贷系由徐某芳代其归还，该院亦不予采信。其三，黄某主张在法院首次查封前已占有使用涉案房屋，缺乏证据证明。黄某虽然提供了房屋租赁合同和承租人的证人证言，但其本人未在房屋租赁合同上签名，且证人与房屋租赁合同约定的承租人不一致，其亦未提供证据证明涉案房屋在被查封前的租金支付情况，该院不予采信。其四，黄某对涉案房屋未过户存在过错。黄某明知涉案房屋未满上市交易期限，无法办理过户登记，仍执意购买，理应承担因出让人涉诉导致涉案房屋被法院查封、不能过户的交易风险。

江苏省无锡市梁溪区人民法院依照《中华人民共和国合同法》第五十二条

第（四）项、《中华人民共和国民事诉讼法》第二百二十七条、《最高人民法院关于适用〈中华人民共和国民事诉讼法〉的解释》第三百一十二条第一款第（二）项，《最高人民法院关于人民法院办理执行异议和复议案件若干问题的规定》第二十八条之规定，作出如下判决：

驳回黄某的诉讼请求。

黄某不服一审判决，提起上诉。江苏省无锡市中级人民法院经审理认为：本案案涉房屋现登记在徐某婷名下，房屋登记簿也明确载明“此房于2014年9月18日前不得进入市场”，而黄某却向法院出具了其与徐某忠于2009年12月24日签订的关于案涉房屋的转让协议，该协议不但违反了房屋登记簿的约定，签协议的出让方也不是登记的房屋所有权人，尽管徐某婷于2017年7月30日出具情况说明《房屋转让协议》系其委托其父亲徐某忠全权办理，但徐某婷与秦某明的民间借贷事实已经法院生效判决，徐某婷的这一《情况说明》涉嫌逃避债务，其证明力很低，因无其他证据佐证，该院对此不予采信。另作为买受人的黄某明知该房属于限购房屋，在不符合条件的情况下仍然购房导致无法办理过户手续，系对政策限制的忽略，是买受人的自身原因导致未办理过户登记。且黄某亦未提供已付清房款和实际占有使用该案涉房屋的充分证据，其主张案涉房屋排除本案的执行，无事实和法律依据，该院不予支持。

江苏省无锡市中级人民法院依照《中华人民共和国民事诉讼法》第一百七十条第一款第（一）项的规定，作出如下判决：

驳回上诉，维持原判。

【法官后语】

登记在被执行人名下的房屋被查封后，案外人以其系房屋买受人、享有物权期待权为由向执行法院提出异议，请求排除强制执行。此时，应当重点围绕经济适用房买卖行为是否有效，以及买受人对未及时办理过户手续是否存在过错等方面进行审查。

一、经济适用房买卖行为的效力审查

经济适用房是指政府提供政策优惠，限定套型面积和销售价格，按照合理标准建设，面向城市低收入住房困难家庭供应，具有保障性质的政策性住房。国家通过《国务院关于解决城市低收入家庭住房困难的若干意见》《经济适用住房管理办法》等文件，规定购买经济适用房不满5年，不得上市交易。司法实践中，对5年禁售期内的经济适用房买卖行为是否有效存在较大争议。支持买卖有效论者认为，由于《国务院关于解决城市低收入家庭住房困难的若干意见》《经济适用住房管理办法》不属于《中华人民共和国合同法》第五十二条规定的强制性效力性规定，故不影响经济适用房买卖合同的效力。值得注意的是，最高人民法院曾对再审申请人某房地产开发公司与被申请人孔某法良房屋买卖合同纠纷一案作出（2015）民申字第3336号民事裁定书，认为"经济适用房买卖合同的效力并无效力性强制性规定认定其无效，某房地产公司提出的合同无效的主张，不符合《合同法》第五十二条规定的情形"，借此，有效论者认为最高人民法院的司法裁判观点肯定了经济适用房买卖合同的效力。

但笔者认为该观点有待商榷。经济适用房系国家为保护低收入群体的住房权益而安排的政策性房屋，供应对象为城市低收入住房困难家庭，体现了社会公共利益。如果对在禁售期内买卖经济适用房的行为作出肯定性评价，允许其自由交易，将严重影响国家保障性住房政策的实际效果，妨害国家对经济适用房的正常管理，进而损害住房困难者的公共利益。某房地产公司案的背景为某房地产公司将其开发的经济适用房转让给买受人，但未告知买受人房屋性质实为经济适用房，买受人有理由相信房屋可以自由买卖。在此情况下，最高人民法院为保护无过错买受人的权利，认定合同有效并无不当。本案中，黄某系通过向经济适用房申购人买入房票的方式违法取得购房资格，从而低价取得涉案房屋，明显损害社会公共利益，理应对该买卖行为的效力作出否定性评价。

二、未及时办理过户手续的原因审查

关于一般不动产买受人物权期待权，《最高人民法院关于人民法院办理执行异议和复议案件若干问题的规定》第二十八条规定应当同时符合四个条件：1. 在法院查封之前已签订合法有效的书面买卖合同；2. 在法院查封之前已合法占有该不动产；3. 已支付全部价款，或者已按照合同约定支付部分价款且将剩余价款按照法院的要求交付执行；4. 非因买受人自身原因未办理过户登记。前三点属于客观事实，第四点因为涉及买受人主观过错，易引发争议。本案中，经济适用房受政策限制，在禁止上市交易期间不得交易、过户。由于房屋登记簿已明确登记了禁售期，作为买受人的黄某对于自身不具有购买身份、不符合过户条件的情况应当属于明知。黄某在不符合条件的情况下仍然执意购房导致无法办理过户手续，属于对政策限制的忽略，对未及时办理过户登记具有重大过错，理应承担因出让人涉诉导致案涉房屋被法院查封、不能过户的交易风险。

综上，案外人在禁售期内购买登记在被执行人名下的经济适用房，房屋买卖行为因违反社会公共利益而无效。案外人明知不符合购买经济适用房的条件，忽略国家限购政策，对房屋无法及时办理过户登记具有过错。在此情况下，案外人以其对房屋享有物权期待权为由请求排除法院执行，依法不予支持。因此，本判决理据充分。

编写人：江苏省无锡市梁溪区人民法院　李绥栋

6

债务人在离婚协议中约定将房屋赠与子女并未办理不动产转移登记不影响债权人申请执行

——蒋某某诉白某甲、白某乙执行异议之诉案

【案件基本信息】

1. 裁判书字号

湖南省益阳市桃江县人民法院（2020）湘0922民初2679号民事判决书

2. 案由：执行异议之诉

3. 当事人

原告：蒋某某

被告：白某甲、白某乙

【基本案情】

蒋某某与白某乙等人合伙协议纠纷一案，湖南省益阳市桃江县人民法院于2019年12月10日立案后，于2020年1月10日作出（2019）湘0922民初3695号民事判决，驳回蒋某某的全部诉讼请求。蒋某某不服，向湖南省益阳市中级人民法院提起上诉，湖南省益阳市中级人民法院审理后认为该案应属居间合同纠纷，于2020年4月28日作出（2020）湘09民终459号民事判决书，撤销了湖南省益阳市桃江县人民法院（2019）0922民初3695号民事判决书，并判决白某乙于该判决生效之日起十日内返还蒋某某250000元。因白某乙没有履行生效法律文书确定的义务，蒋某某向湖南省益阳市桃江县人民法院申请强制执行，该院作出（2020）湘0922执589号执行裁定书，查封了白某乙所有的A房屋一套，查封期限为三年。

白某甲系白某乙之女，白某乙与白某乙前妻离婚时约定夫妻双方自购的夫妻共有房产及家里电器、家私归白某乙所有，待女儿成年后，转为女儿白某甲所有。原告蒋某某依据生效裁判文书申请执行被告白某乙名下房屋时，白某甲已满18周岁，故白某甲提出执行异议，请求依法解除对案涉房屋的查封，湖南省益阳市桃江县人民法院于2020年8月12日作出（2020）湘0922执异21号执行裁定书，中止对登记在白某乙名下房屋的执行。蒋某某对裁定不服，向湖南省桃江县人民法院提起执行异议之诉。

【案件焦点】

白某甲对案涉房产是否享有足以排除强制执行的民事权益。

【法院裁判要旨】

湖南省益阳市桃江县人民法院经审理认为：不动产物权的设立、变更、转让和消灭，经依法登记，发生效力；未经登记，不发生效力，但法律另有规定的除外。案涉房屋登记在白某乙名下，白某甲未取得案涉房屋的所有权，不能对抗第三人，不能基于案涉房屋所有权人的身份排除强制执行；白某乙与白某乙前妻签订的《离婚协议》中约定案涉房屋待女儿独立后转为女儿白某甲所有，该约定应视为白某乙与白某乙前妻将房产赠女儿的意思表示。赠与房屋，如根据书面赠与合同办理了过户手续的，应当认定赠与关系成立；未办理过户手续，但赠与人根据书面赠与合同已将产权证书交与受赠人，受赠人根据赠与合同已占有、使用该房屋的，可以认定赠与有效，但应令其补办过户手续。本案中，白某乙、白某乙前妻仅是在《离婚协议》中对赠与房产作出了意思表示，协议虽然对白某甲设定了利益，但该利益是否实现取决于白某乙、白某乙前妻是否现实履行赠与房产的产权过户义务。《离婚协议》作出后，白某甲、白某乙前妻并未将房产办理至白某甲名下，对于本案中的房产赠与而言，在白某乙将房产过户至白某甲之前，赠与关系并未成立，白某甲对于房产不享有所有权。即使受赠人白某甲表示接受并已经实际占有案涉房屋，但《离婚协议》是白某乙、白某乙前妻之间对于离婚财产如何处理的安排，而并非白某乙、白某乙前妻与白某甲之间签订的书面赠与合同，也不能认定赠与有效，故白某甲不能基于案涉房屋受赠人身份排除强制执行。

湖南省桃江县人民法院依照《中华人民共和国物权法》第六条、第九条，《中华人民共和国民事诉讼法》第一百四十四条，《最高人民法院关于适用〈中华人民共和国民事诉讼法〉的解释》第三百一十三条第（一）项之规定，作出如下判决：

准许继续执行白某乙所有的A房屋。

【法官后语】

本案是不动产登记效力对抗执行的典型案例。《中华人民共和国民法典》

于2021年1月1日实施，《中华人民共和国物权法》同时失效。《中华人民共和国民法典》第二百零八条、第二百零九条是对《中华人民共和国物权法》第六条、第九条的沿袭，是对物权公示公信原则、不动产登记效力的规定。

公示公信原则是原《中华人民共和国物权法》的基本原则，包括物权公示原则和物权公信原则，它们是两个相互依存的原则，基本含义是物权经过法定公示方法而取得物权的公信力。

公示，即公开揭示，使人周知之义。物权公示，是指在物权变动时，必须将物权变动的事实通过一定的公示方法向社会公开，使第三人知道物权变动的情况，以避免第三人遭受损害并保护交易安全。物权公示原则指物权的变动即物权产生、变更或者消灭，必须以特定的、可以从外部察知的方式，即公示表现出来的物权法基本规则。

公信，是指物权变动经过公示以后所产生的公信力。物权公信原则所着眼的，正是物权变动中公示形式所产生的这种公信力，它是指物权变动按照法定方法公示以后，不仅正常的物权变动产生公信后果，而且即使物的出让人事实上无权处分，善意受让人基于对公示的信赖，仍能取得物权的原则。

按照公示公信原则的要求，不动产物权变动的公示方法是登记，不动产物权的设立、变更、转让和消灭应当依照法律规定登记，才能取得公信力；动产物权变动的公示方法是交付，动产物权的设立和转让，应当依照法律规定交付，动产交付产生动产物权变动的公信力。

不动产物权的设立、变更、转让和消灭，统称为不动产物权变动。不动产物权变动的公示方法是登记。不动产物权变动必须依照法律规定进行登记，只有经过登记，才能够产生物权变动的效果，才具有发生物权变动的外部特征，才能取得不动产物权变动的公信力。不动产物权变动未经登记，不发生物权变动的法律效果，法律不承认其物权已经发生变动，也不予以法律保护。

本案中，被告白某乙与白某乙前妻在《离婚协议》中约定将夫妻共有房产在女儿白某甲成年后归白某甲所有。《中华人民共和国民法典》物权编第二百零八条规定，不动产物权的设立、变更、转让和消灭，应当依照法律规定登记。

换而言之，只有办理完房屋权属转移变更登记后，才能完成房屋权属的转让。案涉房屋由于未办理相应登记，故白某乙、白某甲应向不动产登记管理部门提交相关资料，办理房屋权属转移变更登记，从而真正地完成案涉房屋的权属移转，否则，不能发生物权转移的效力。

另外，《离婚协议》中约定将房产赠与子女后但并未办理过户至该子女名下的，即使已将房屋产权证书交与子女，赠与关系亦并未成立，子女对于该房产不享有所有权。《离婚协议》是离婚的夫妻之间对于离婚财产如何处理的安排，而并非与其子女之间签订的书面赠与合同，也不能依照《最高人民法院关于贯彻执行〈中华人民共和国民法通则〉若干问题的意见（试行）》第一百二十八条的规定认定赠与有效。赠与关系的成立必须以赠与物的交付为准，对于房屋则必须办理过户手续，否则赠与关系不成立。本案中，白某乙与白某乙前妻仅是在《离婚协议》中对赠与房产作出了意思表示，协议虽然对白某甲设定了利益，但该利益是否实现取决于白某乙与白某乙前妻是否已经履行了赠与房产的产权过户义务。《离婚协议》作出后，白某乙与白某乙前妻并未将房产办理至白某甲名下，而是仍然登记在白某乙名下。对于房产赠与而言，在房产未过户至白某甲之前，赠与关系并未成立，白某甲对于房产不享有所有权。即使其已经占有、使用该房屋，但因《离婚协议》仅是白某乙与白某乙前妻之间对于离婚财产如何处理的安排，而并非与其子女之间签订的书面赠与合同，故不能根据《最高人民法院关于贯彻执行〈中华人民共和国民法通则〉若干问题的意见（试行）》认定赠与有效。白某甲并非案涉房屋的权利人，不享有足以排除人民法院依据蒋某某的申请对案涉房产强制执行的民事权益，故白某甲不享有可以排除强制执行的民事权益，人民法院应当准许继续执行该案涉房产。

编写人：湖南省益阳市桃江县人民法院　吴燕

7

管辖权异议成立移送后，因移送法院作出保全裁定提起的执行异议之诉，可由受移送法院管辖

——城建集团诉臧某等申请执行人执行异议之诉案

【案件基本信息】

1. 裁判书字号

浙江省温州市瓯海区人民法院（2021）浙 0304 民初 968 号民事裁定书

2. 案由：申请执行人执行异议之诉

3. 当事人

原告（申请执行人）：城建集团

被告（案外人）：臧某

第三人（被执行人）：某房地产公司

【基本案情】

原告城建集团为与被告某房地产公司对外追收债权纠纷一案，于 2020 年 9 月 22 日向浙江省温州市瓯海区人民法院（以下简称瓯海区人民法院）提起诉讼，瓯海区人民法院受理后，依城建集团申请财产保全，于 2020 年 10 月 14 日作出（2020）浙 0304 民初 6134 号民事裁定书，裁定查封、冻结某房地产公司名下银行存款 58718738 元或等值的其他财产，并于 2020 年 10 月 16 日查封了某房地产公司名下的美好家园×幢×室房屋。

某房地产公司于 2020 年 11 月 4 日就上述案件向瓯海区人民法院提出管辖权异议申请，瓯海区人民法院于 2020 年 11 月 18 日作出（2020）浙 0304 民初 6134 号之一民事裁定书，裁定某房地产公司对管辖权提出的异议成立，案件移

送浙江省乐清市人民法院处理。城建集团不服该裁定提起上诉，浙江省温州市中级人民法院于2021年1月28日作出（2021）浙03民辖终17号民事裁定书，裁定准许城建集团撤回上诉。故瓯海区人民法院于2021年2月8日将该案移送至浙江省乐清市人民法院审理。

另，管辖权异议处理期间，案外人臧某就财产保全行为，于2020年11月13日向瓯海区人民法院提出案外人执行异议，对保全财产主张权利并要求排除执行，该院执行部门审查后，于2021年1月12日作出（2020）浙0304执异102号执行裁定书，裁定中止对美好家园×幢×室房屋的执行。城建集团对该裁定不服，于2021年1月28日提起本案申请执行人执行异议之诉。

【案件焦点】

1. 管辖移送后，已采取的诉讼保全措施是否继续有效；2. 因原管辖法院保全行为提起的执行异议之诉案件，应一并移送受移送法院，还是应驳回起诉，由当事人向受移送法院另行提出执行异议。

【法院裁判要旨】

浙江省温州市瓯海区人民法院经审理认为：参照《最高人民法院关于适用〈中华人民共和国民事诉讼法〉的解释》（以下简称《民诉法解释》）第一百六十条关于诉前保全相关规定精神，已采取诉讼保全措施的案件管辖发生移送的，保全裁定亦应当视为受移送法院作出的裁定。原告城建集团与被告某房地产公司对外追收债权纠纷一案已经移送至乐清市人民法院审理，故本院就该案作出的财产保全裁定应当视同为乐清市人民法院作出的裁定。在双方管辖权争议期间，本院所实施的法律行为和采取的法律措施，应对当事人继续有效，对受移送法院有约束力。同样，受移送法院有权依法对原管辖法院所实施的行为和措施，进行审查和处理，故本申请人执行异议之诉应当随同城建集团与某房地产公司对外追收债权纠纷案，一并移送乐清市人民法院审查处理。依照《中华人民共和国民事诉讼法》第三十六条、《民诉法解释》第一百六十条规定，裁定：本案移送浙江省乐清市人民法院处理。

【法官后语】

首先，关于管辖移送后，已采取的诉讼保全措施是否继续有效的问题。《民诉法解释》第一百六十条就诉前保全作出相关规定："当事人向采取诉前保全措施以外的其他有管辖权的人民法院起诉的，采取诉前保全措施的人民法院应当将保全手续移送受理案件的人民法院。诉前保全的裁定视为受移送人民法院作出的裁定。"但关于诉讼中采取保全措施后，因案件管辖发生移送，保全措施应如何处理，尚无明确规定。

笔者认为根据上述法条立法精神，保全属于当事人处理案件实体争议的附属部分，人民法院在取得案件管辖权后，应一并取得处理诉讼相关活动的附随权力，因此诉讼保全相关决定权力应一并由受移送法院取得，受移送法院有权依法对移送前法院所实施的行为和措施，进行审查和处理。

那么，采取诉讼保全措施的法院是否应当解除保全，而由受移送法院重新采取保全措施呢？笔者认为，案件移送前法院实施的诉讼保全行为，仍然是基于依法审查后作出的决定，应当维护其有效性，从避免司法资源浪费、减少当事人诉累以及防止因保全解除造成财产转移风险等方面考虑，因认定移送前法院采取的诉讼保全措施视为受移送法院作出，继续有效为宜，这样理解，也便于与诉前保全的相关规定保持一致。受移送法院事后就该保全行为作出续封手续的，不能将此续封手续视为新的查封，尤其是有其他法院轮候查封时，此续封手续不能排在其他法院的轮候查封之后。

其次，关于案件移送后，就诉讼保全提起的执行异议之诉案件如何处理等问题。根据《中华人民共和国民事诉讼法》第二百三十四条"执行过程中，案外人对执行标的提出书面异议的，人民法院应当自收到书面异议之日起十五日内审查"，以及《民诉法解释》第三百零四条"案外人、当事人对执行异议裁定不服，自裁定送达之日起十五日内向人民法院提起执行异议之诉的，由执行法院管辖"之规定，可以推定执行异议的审查及执行异议之诉的审理均应由执行法院管辖。

一种观点认为，既然案件移送后，诉讼保全视为受移送法院作出，受移送法院为执行法院，故相应的案外人执行异议也应向受移送法院提出，本案中，臧某应向受移送的乐清市人民法院重新就诉讼保全提出案外人执行异议，由乐清市人民法院进行审查后作出执行裁定。移送前瓯海区人民法院已经作出的执行异议裁定因不具有管辖权而无效，后续的执行异议之诉也应按驳回起诉处理。

另一种观点认为，基于节约司法资源和减少当事人诉累的原则，在保障当事人合法权益的基础上，应尽量维护移送前法院相关附随诉讼活动的有效性。管辖移送后，受移送法院可直接接续相应的诉讼程序，在执行异议之诉中，对前端的诉讼保全、执行异议审查等诉讼活动一并进行审查和处理。因此，只需将正在审理的执行异议之诉一并移送至受移送法院即可，受移送法院对移送前法院作出的执行异议裁定持不同意见的，直接通过执行异议之诉判决予以纠正。

笔者更倾向于第二种观点，城建集团的申请执行人异议之诉移送至乐清市人民法院审理后，由于对案涉房产的诉讼保全视为乐清市人民法院作出，经审理，若其支持申请执行人城建集团的诉讼请求，则意味着案外人臧某的执行异议不成立，相应诉讼保全行为继续发生效力；若城建集团的诉讼请求被依法驳回，则意味着案外人臧某异议成立，诉讼保全可直接由乐清市人民法院予以解除。该做法符合便利法院审理和便利当事人诉讼的“两便”原则，且依法保障了各方当事人的诉讼权利，在发生管辖移送的情况下，能够最大限度地维护诉讼行为的延续性和司法权威。

编写人：浙江省温州市瓯海区人民法院　任宁　张惠

8

案外人重复提出执行异议的，不得提起执行异议之诉

——刘某义诉胡某、胡某华执行异议之诉案

【案件基本信息】

1. 裁判书字号

北京市第三中级人民法院（2020）京03民终11746号民事裁定书

2. 案由：执行异议之诉

3. 当事人

原告（上诉人）：刘某义

被告（被上诉人）：胡某、胡某华

【基本案情】

刘某义与胡某华曾签订《房屋改造合同》《协议》，约定刘某义在胡某华承租的宋庄镇菜园村的土地投资建设部分厂房和职工宿舍，如胡某华不能给付工程款，则上述建筑物的所有权归刘某义所有。2019年4月29日，北京市通州区宋庄镇菜园村民委员会与刘某义及胡某华签署《腾退确认书》，确认被腾退的地上物中有18732.15平方米属于刘某义所有。2019年5月19日，刘某义与胡某华签订了《腾退补偿预付款的分款协议》，确认预付补偿款中的5719500元直接发放到刘某义的账户。2019年5月23日，北京市通州区人民法院前往宋庄镇政府对此采取了查封冻结，该裁定中的申请执行人为胡某。2019年9月29日，宋庄镇菜园村民委员会与刘某义及宋庄镇政府三方签订了《腾退补偿款预付款协议》，再次确认刘某义是部分地上物的直接腾退补偿对象。由于北京市通州区人民法院的查封导致镇政府不发放刘某义的补偿款，刘某义因此向北

京市通州区人民法院提起执行异议，后刘某义撤回了执行异议。之后，刘某义再次提出执行异议，北京市通州区人民法院（2019）京 0112 执异 806 号执行裁定书以异议重复为由驳回刘某义的执行异议，故提起刘某义本案诉讼。

【案件焦点】

案外人重复提出执行异议，被人民法院裁定驳回后，案外人仍然不服的，应向上一级人民法院申请复议，还是提起案外人执行异议之诉。

【法院裁判要旨】

北京市通州区人民法院经审理认为：刘某义所依据的（2019）京 0112 执异 806 号裁定书，对刘某义所提出的异议申请，依据《最高人民法院关于人民法院办理执行异议和复议案件若干问题的规定》第十五条予以裁定驳回，但所指出的救济路径为向本院提出执行异议之诉，而该第十五条的规定属于不符合受理条件的情形，按照《最高人民法院关于人民法院办理执行异议和复议案件若干问题的规定》第二条的规定，应属于向上一级人民法院申请复议的情形，而不属于直接提起执行异议之诉的情形，故本案不符合执行异议之诉的受理条件，对刘某义的起诉应予以驳回。

刘某义不服一审裁定提出上诉，北京市第三中级人民法院经审理认为：《最高人民法院关于人民法院办理执行异议和复议案件若干问题的规定》第二条规定，执行异议符合《中华人民共和国民事诉讼法》第二百二十五条或者第二百二十七条规定条件的，人民法院应当在三日内立案，并在立案后三日内通知异议人和相关当事人。不符合受理条件的，裁定不予受理；立案后发现不符合受理条件的，裁定驳回申请。异议人对不予受理或者驳回申请裁定不服的，可以自裁定送达之日起十日内向上一级人民法院申请复议。上一级人民法院审查后认为符合受理条件的，应当裁定撤销原裁定，指令执行法院立案或者对执行异议进行审查。第十五条规定，当事人、利害关系人对同一执行行为有多个异议事由，但未在异议审查过程中一并提出，撤回异议或者被裁定驳回异议后，再次就该执行行为提出异议的，人民法院不予受理。案外人撤回异议或者被裁定驳回异议后，再次就同一执行标的提出异议的，人民法院不予受理。本案中，刘某义提起本案执行异议之诉所涉及的（2019）京0112执异806号裁定书，对于刘某义提出的异议申请，认为系刘某义就同一执行行为已提出过执行异议，撤回后又再次提出执行异议，不应重复审查，并依据上述第十五条规定驳回刘某义的异议申请。根据上述第十五条规定，此种情形属于不符合受理条件的情形，而依据上述第二条规定，此种情形应向上一级人民法院申请复议，而非直接提起执行异议之诉，因此，一审法院认定本案不符合执行异议之诉的受理条件，驳回刘某义的起诉是正确的，应予维持。

【法官后语】

本案的审理争议焦点在于：案外人重复提出执行异议，被人民法院裁定驳回后，案外人仍然不服的，应向上一级人民法院申请复议，还是提起案外人执行异议之诉？如案外人依据该驳回异议申请裁定书指明的救济路径，提起案外人执行异议之诉，那么人民法院应否作为案外人执行异议之诉案件予以受理？回答以上问题，需要在研究执行异议之诉的价值取向基础上，对于当事人如何维护相应权益指明路径。

一、执行异议之诉的价值取向

本案系执行异议之诉纠纷。2007年《中华人民共和国民事诉讼法》修改，设立了执行异议之诉制度。通过2007年、2012年两次民事诉讼法的修改，以及2015年民诉法解释的制定，在我国民事诉讼中逐渐形成了裁判文书生效后的争议裁判“程序网络”。执行异议之诉是这一特殊的争议裁判“程序网络”的关键线条。从执行实践的现实需要来看，设置执行异议之诉的民事诉讼程序，对于进一步规范强制执行行为，减少执行瑕疵具有重要现实意义。从强制执行法的基本理论看，设置执行异议之诉制度，符合诉权保护、权利救济和权力制约的基本法治原理。

执行异议之诉虽属于民事之诉，但又不同于普通民事之诉，有其独特价值。法律制度的价值一般表现为公正、公平、效率、权威、秩序、平衡等多个层面。民事诉讼的本质是分配争议民事法益的场域。公正是接受分配者的首要期许。

就民事审判而言，公正价值优先于效益价值、安定价值应无争议。民事执行以实现生效裁判文书业已分配的权利与义务为其基本功能，因此，执行应秉持效益优先和兼顾公正、安定的价值取向。就此，亦应无大的争议。程序状态与程序的价值预设有密切关联，在多程序具有共同目的时，更是如此。价值体系失调，可能使同类程序处在事实上的竞合状态，进而导致程序运行上的混乱状态；合理的价值预设，会引导出妥当的程序设置，使诸程序各司其能、井然有序。当执行程序中出现了实体争议，亦即围绕实体权利、义务分配的争议，就会产生程序对象的交叠，进而产生功能交错的各种状态。在此程序对象交叠的场域，效益优先和兼顾公正、安定的价值取向是否恰当？民事诉讼是一种公共服务，其价值定位来源于民事诉讼参加者对于诉讼的期许。一般而言，涉及实体权利义务分配的争议，民事诉讼参加者更重视分配的公正性。这种公正追求倾向会随着争议标的重要性的增长、标的金额的增加而不断增强。执行异议之诉制度作为司法裁判权的程序载体，必须以公正为目标；而执行工作讲求效率，这就要求构建执行异议之诉制度时又要考虑效率。因此，执行异议之诉制度应以“保障公正”为基本价值目标，同时将“注重效率”作为重要价值取向。

二、执行异议之诉与执行复议的路径选择

实践中，对该争议有不同观点：一种观点认为，根据《最高人民法院关于人民法院办理执行异议和复议案件若干问题的规定》第十五条第二款，案外人撤回异议或者被裁定驳回异议后，再次就同一执行行为提出异议的，人民法院不予受理。结合《最高人民法院〈关于最高人民法院关于人民法院办理执行异议和复议案件若干问题的规定〉理解与适用》中对该条规定的理解，该规定是对于人民法院行使执行裁决权时，贯彻民事诉讼中“一事不再理”原则，以达到提高执行效率、效果的相关规定。该规定分为两个部分，一部分是当事人、利害关系人对同一执行行为有多个异议事由的，应当一并提出；另一部分是案外人对执行标的主张实体权利并提出组织执行的异议的，被裁定驳回、按撤回异议处理或者撤回异议的，不得重复提出异议。人民法院在作出处理时，应当告知、释明异议人其他救济途径，注意与审判监督程序及案外人异议之诉的过渡，在驳回案外人异议的裁定中，应当写明相应的救济途径，依据我国民事诉讼法第二百二十七条的规定，案外人仍向执行机构提出异议的，应当引导其通过审判监督程序或者诉讼途径解决。因此，在人民法院驳回案外人再次提出的执行异议作出裁定后，案外人可依据我国民事诉讼法第二百二十七条的规定，提起案外人执行异议之诉，人民法院亦应予受理。

另一种观点认为，《最高人民法院关于人民法院办理执行异议和复议案件若干问题的规定》第二条系针对执行异议符合或者不符合民事诉讼法第二百二十五条或者第二百二十七条规定条件的，人民法院应当如何处理的规定，即该条规定包含了案外人提出的执行异议符合或者不符合民事诉讼规定受理条件的，人民法院应当如何处理的情形。对于不符合受理条件的，裁定不予受理；立案后发现不符合受理条件的，应裁定驳回申请。同时，该条第三款规定，异议人对不予受理或者驳回申请裁定不服的，可以自裁定送达之日起十日内向上一级人民法院申请复议。上一级人民法院审查后认为符合受理条件的，应当裁定撤销原裁定，指令执行法院立案或者对执行异议进行审查。故该款规定了异议人对不予受理或者驳回申请裁定不服的，应通过向上一级人民法院申请复议的路径来救济，而非提起案外人执行异议之诉。该条规定与《最高人民法院关于人民法院办理执行异议和复议案件若干问题的规定》第十五条第二款并不矛盾，第十五条第二款规定的是人民法院不予受理案外人提出异议的情形，对于符合该不予受理情形的，仍应按照该法第二条第三款规定处理，即异议人对不予受理或者驳回申请裁定不服的，可向上一级人民法院申请复议。因此，对于人民法院以案外人曾提出执行异议撤诉后，再次提出执行异议，不应重复审查为由，裁定驳回了案外人执行异议申请的，案外人可向上一级人民法院申请复议，而不应提起案外人执行异议之诉。如已经作为案外人执行异议之诉案件受理的，则由于该起诉不符合案外人执行异议之诉案件受理条件，应裁定驳回案外人的起诉。

笔者倾向于第二种观点。《最高人民法院关于人民法院办理执行异议和复议案件若干问题的规定》第十五条规定的撤回异议处理的结果，不同于民事审判程序中撤诉的结果，不再赋予异议人重新提起异议的权利。主要基于以下考虑：执行行为一般不涉及实体权利，执行行为异议裁定不同于民事判决，一般也是对程序性事项作出认定，为了保障执行效率这一首要目标，不赋予异议人再行异议的权利。同时第二条又给予了驳回申请不服的救济路径。为了防止法院变相提供执行异议的门槛，《最高人民法院关于人民法院办理执行异议和复议案件若干问题的规定》第二条增设了异议人不服不予受理或驳回申请裁定的，有向上一级人民法院申请复议的权利。这是从诉讼程序中借鉴而来，对于执行异议程序中当事人的权利保护更为完善和充分，不应仅限于执行行为异议裁定不服的狭隘理解。因此，案外人重复提出执行异议，被人民法院裁定驳回后，案外人仍然不服的，应向上一级人民法院申请复议，不应提起执行异议之诉。

当该争议进入民事之诉，执行异议之诉是否应该受理？以上争议系执行程序中执行异议的处理规定，而目前执行异议之诉相关适用规定也仅限于《中华人民共和国民事诉讼法》和民事诉讼法司法解释，缺乏系统性的规定。此时，如何处理与执行异议之诉的程序价值有很大关系。执行异议之诉制度的效益优先和兼顾公正、安定的价值取向，不允许当事人对于执行异议反复无限制滥用。程序方面，不得不提到执行异议与执行异议之诉的联系。《中华人民共和国民事诉讼法》规定了案外人提起执行异议之诉适用的前提条件，即案外人对执行标的存在执行异议的，应先向执行法院提出异议，法院自收到书面异议之日起十五日内审查，理由成立的，裁定中止对该标的的执行，理由不成立的，裁定驳回。案外人如对裁定不服，与原判决、裁定无关的，可以自裁定送达之日起十五日内向法院提起执行异议之诉。前置程序的立法初衷是提高执行的效率，使一部分执行异议的案件能消化在执行机关的异议审查中，减少案件进入审判程序的数量，形成案件分流，案外人提出的异议不足以排除执行的，执行异议程序审查中直接驳回，若案外人的异议权确有足以排除执行依据的，则停止执行，从而实现执行问题快速有效地解决。具体而言，执行异议制度设立的理性模式，是通过与执行异议之诉程序形成“漏斗”模型的程序样态，实现对案件的过滤作用。通过对案外人执行异议案件的筛选，尽可能地将纠纷解决在执行阶段，实现执行程序的效率要求。故，即使执行异议之诉存有民事之诉的属性，在此程序问题的处理上，也须保持与执行异议规定的一致性，以确保执行救济制度功效最大限度发挥。也就是说，如案外人提起执行异议之诉，那么人民法院应裁定对于执行异议之诉案件驳回起诉。

从2007年民事诉讼法增设执行异议之诉制度至今，执行异议之诉案件数量不大，但增速明显。由于执行异议之诉的法条规定较少，探索性很强，实践中对该类型案件的分歧远大于共识，本案例的探索研究有利于填补立法漏洞与不足，推动执行异议之诉制度的不断完善。

编写人：北京市第三中级人民法院　闫慧　肖萌萌

9

物权期待权的适用原则

——刘某生诉张某圣、张某恒执行异议之诉案

【案件基本信息】

1. 裁判书字号

湖南省郴州市中级人民法院（2020）湘10民终405号民事判决书

2. 案由：执行异议之诉

3. 当事人

原告：刘某生

被告：张某圣、张某恒

【基本案情】

刘某生系刘某军的叔叔，张某圣、张某恒系刘某军的舅舅。张某圣、张某

恒自20世纪90年代开始在刘某军的工地上帮工。2009年4月9日，张某圣、张某恒与刘某军签订《土地房屋让售合同》，主要约定“刘某军将位于下湄桥龙女温泉处的土地及整栋房屋所有产权出售给张某恒、张某圣；房屋位于下湄桥街道铜坑湖村五组，地号为1-2-×××，土地使用权面积为163.7平方米；购地购房款项一共35万元，已经全部付清”。当日，刘某军向张某恒出具收条，载明：“今收到张某恒购铜坑湖村五组刘某军自建宅基地房屋款捌万元整（小写80000元）（注：张某恒购刘某军的房款总价13万元。1998年至2008年张某恒在刘某军工地上做工，刘某军共欠张某恒工资款5万元，抵扣购房款后，需补交8万元）。此字是实。”刘某军还向张某圣出具收条，载明：“今收到张某圣购铜坑湖村五组刘某军自建宅基地房屋款壹拾肆万元整（小写140000元）［注：张某圣购房款总价贰拾贰万元，（220000元）］1998年至2008年张某圣在刘某军工地上做工，刘某军尚欠张某圣的工资款捌万元，抵扣购房款后，需补交壹拾肆万元。（140000元）此字是实。”此后，刘某军将上述房屋交付张某圣、张某恒居住使用至今。张某圣本人当庭陈述，现金来源于同村组其他人处的借款，能清晰表述出借人姓名、借款金额，交付地点在刘某军车上，在场的还有刘某军的前妻，为安全起见将现金绑在腰间，此后至村组、村委询问办证事项，才知道无法办证。

刘某生与刘某军民间借贷纠纷一案，该院于2019年4月29日作出（2019）湘1002民初1626号民事判决书，判决刘某军偿还刘某生借款本金1500000元。因刘某军未按判决履行还款义务，刘某生向该院申请强制执行，该院于2019年7月10日作出（2019）湘1002执1584号执行裁定书，裁定冻结、划拨刘某军的存款1526641元，或扣留、提取其等额的收入，或查封、扣押其相应价值的财产。2019年7月12日，该院现场查封了刘某军位于郴州市北湖区下湄桥街道铜坑湖村五组宅基地上自建房一栋1层至4层。2019年8月27日，该院向郴州市不动产登记中心发出《协助执行通知书》，查封了刘某军名下位于郴州市北湖区下湄桥街道铜坑湖村五组农村宅基地［产权证号：郴北集用（2014）第00×号］，查封期限三年，自2019年8月27日起至2022年8月26日止。2019

年9月3日，张某圣、张某恒就上述执行向该院提出异议，2019年10月14日，该院作出（2019）湘1002执异162号执行裁定书，裁定中止对郴州市北湖区下湄桥街道铜坑湖村五组的宅基地［产权证号：郴州集用（2014）00×号］及该处宅基地上自建房一栋的执行。刘某生不服，遂向该院提起执行异议之诉。

【案件焦点】

张某圣、张某恒是否享有足以排除强制执行的民事权益。

【法院裁判要旨】

湖南省郴州市北湖区人民法院经审理认为：本案争议的焦点在于张某圣、张某恒是否享有足以排除强制执行的民事权益。根据《最高人民法院关于人民法院办理执行异议和复议案件若干问题的规定》第二十八条之规定："金钱债权执行中，买受人对登记在被执行人名下的不动产提出异议，符合下列情形且其权利能够排除执行的，人民法院应予支持：（一）在人民法院查封之前已签订合法有效的书面买卖合同；（二）在人民法院查封之前已合法占有该不动产；（三）已支付全部价款，或者已按照合同约定支付部分价款且将剩余价款按照人民法院的要求交付执行；（四）非因买受人自身原因未办理过户登记。"故不动产排除执行须符合以上四个条件。本案中，刘某生对张某圣、张某恒已居住在诉争房产及因诉争房产的性质导致不能变动产权的事实并无异议，双方争议的焦点为房屋买卖是否真实及张某圣、张某恒是否支付了相应的对价。刘某军向刘某生及张某圣、张某恒出具的书面证明明显矛盾，在庭审中也未能作出明确解释，只是不断对刘某生及张某圣、张某恒表达歉意，故刘某生出具的书面证明不作为认定案件事实的依据，该院不予采信。张某圣、张某恒为刘某军提供劳务，提交的账本可以佐证刘某军确实存在未能足额支付张某圣、张某恒工资报酬的事实，提交的《土地房屋让售合同》、收条，与账本相互佐证，结合张某圣、张某恒关于现金来源、支付地点、支付过程的当庭陈述，可以证明张某圣、张某恒向刘某军购买了诉争房产并支付了相应对价。综上所述，张某圣、张某恒对争议房产享有足以排除强制执行的民事权益，对刘某生的诉讼请求不予支持，判决驳回刘某生全部诉讼请求。

宣判后，原告不服，提出上诉。

湖南省郴州市中级人民法院经审理认为：本案为申请执行人执行异议之诉。二审争议焦点为：张某圣、张某恒对案涉房屋是否享有足以排除强制执行的民事权益。案外人对案涉房屋所享有的民事权益是否足以排除强制执行，应当结合被执行人的责任财产，案外人、申请执行人及被执行人对案涉房屋各自享有的权利性质以及案涉房屋的功能、属性等方面进行综合判断。

1. 案涉房屋不属于被执行人刘某军的责任财产，不应当纳入强制执行的范围。本案中，张某圣、张某恒一审提供了其与刘某军于 2009 年 4 月 9 日签订的《土地房屋让售合同》，刘某军向其出具的收到购房款的收条；对于收条中载明的现金，张某圣、张某恒一审中陈述了现金的来源、交付地点、支付过程，并在二审中提供了证明佐证；对于收条中欠付的工资抵付购房款的事实，张某圣、张某恒提供了账本予以佐证。可见，上述证据互相印证，足以证实张某圣、张某恒向刘某军购买了案涉房屋，并支付了相应的购房款。刘某生依据刘某军的书面证明，认为案涉房屋买卖合同是虚假的，张某圣、张某恒并未支付相应的购房款，因刘某军系本案当事人，与本案的处理结果有直接利害关系，且其事后出具的书面证明与其自身签订的合同及出具的欠条均不符，其书面证明不能证实案涉房屋买卖合同是虚假的，故刘某生的上述主张，证据不足，本院不予支持。案涉房屋买卖合同已经履行完毕，故案涉房屋不应当属于刘某军的责任财产范围。

2. 案外人张某圣、张某恒对案涉房屋享有的是物权期待权，与申请执行人刘某生的普通金钱债权相比，应予优先保护。因张某圣、张某恒支付了全部的购房款，且已经实际占有居住该房屋十余年，其基于合同享有的一般债权转化为其对房屋享有的物权期待权。该物权期待权虽然属于债权，但已不同于一般债权。刘某军因张某圣、张某恒履行了全部的付款义务，而让渡了其对房屋占有、使用、收益及部分处分的物权权能，且张某圣、张某恒也因实际占有居住案涉房屋多年获得了一定的公示效力，申请执行人刘某生亦明知张某圣、张某恒实际占有居住案涉房屋多年。故张某圣、张某恒享有的物权期待权应当优先于刘某生的普通金钱债权。

3. 张某圣、张某恒对案涉房屋享有一定的居住权益。案涉房屋虽系在湖南省郴州市北湖区市郊乡铜坑湖村集体土地上建造，张某圣、张某恒亦并非湖南省郴州市北湖区市郊乡铜坑湖村的成员，但其购买该房屋的目的是用于居住，且两家人已经居住十余年，村组和其他村民并未提出异议，张某圣的儿媳曹某及孙子张某涛、张某远亦是湖南省郴州市北湖区市郊乡铜坑湖村的成员并居住在此，故与申请执行人刘某生的普通金钱债权相比，案外人张某圣、张某恒的居住、生存权益更应当予以优先保护。

综上所述，案外人张某圣、张某恒对案涉房屋享有足以排除强制执行的民事权益。刘某生的上诉请求不成立，应予驳回；一审判决认定事实清楚，适用法律正确，应予维持。

【法官后语】

本案争议焦点为：张某圣、张某恒对案涉房屋是否享有足以排除强制执行的民事权益。案外人对案涉房屋所享有的民事权益是否足以排除强制执行，应当结合被执行人的责任财产，案外人、申请执行人及被执行人对案涉房屋各自享有的权利性质以及案涉房屋的功能、属性等方面进行综合判断。对此，笔者拟就该案究竟该如何适用法律条款作阐述。

一、执行异议是否成立的一般适用原则

执行异议是否成立大体上可以从以下三个方面的因素予以考虑：一是案外人就执行标的是否享有民事权益。案外人对执行标的享有实体权利是案外人执行异议之诉成立的前提条件，该民事权益大致可以分为物权和债权两部分。只有依据相关法律规定，确定案外人享有实体权利的，才须进入下一步确认该权利是否具有优先性。二是该项享有的民事权益是否优先于申请执行人所享有的权利。是否具有优先性可从以下两方面考虑：一般情形下物权优于债权，数个物权并存时依相关法律规定；法定情形下特定债权优于物权，如承租人的租赁权，建筑工程施工合同中承包人的优先受偿权，土地使用权出让金的优先受偿权等。具有优先权以后，再考虑是否妨害了权利的行使。三是法院的执行是否妨害了案外人相关权利的行使。某些情况下，案外人虽然享有优先权，但执行行为并不妨害案外人权利的行使（如买卖不破租赁的规定），则异议也不能成立。

二、物权期待权优于一般债权

物权是指权利人依法对特定的物享有支配权和排他权利，包括所有权和他物权（用益物权和担保物权）。期待权是指将来有取得和实现可能性的权利。二者结合起来，即为物权期待权的含义，指将来有取得可能性的对某一物的支配和排他的权利。其实我国并没有明确的法律规定物权期待权这一概念，但该权利却实实在在存在于日常生活中。

物权期待权主要存在的时期为合同签订后，办理登记前。就我国目前房地产市场的现状，不动产买受人在签订房屋买卖合同后，可能需要很长一段时间才能办理房屋产权证书，有几个月，几年，甚至十几年。而《中华人民共和国民法典》规定，房屋产权证的取得，以登记为准，即在办理房产证之前，买房人并不真正拥有房产的物权。在此期间购房人拥有的权利仅为债权，似乎并不能很好地保护买房人的合法权益，此时则衍生出物权期待权这一概念。当然也有相关法律从侧面保护支持了买房人的物权期待权，《最高人民法院关于人民法院民事执行中查封、扣押、冻结财产的规定》第十七条规定："被执行人将其所有的需要办理过户登记的财产出卖给第三人，第三人已经支付部分或者全部价款并实际占有该财产，但尚未办理产权过户登记手续的，人民法院可以查封、扣押、冻结；第三人已经支付全部价款并实际占有，但未办理过户登记手续的，如果第三人对此没有过错，人民法院不得查封、扣押、冻结。"规定了人民法院在执行过程中对买受人相关权益的保护，此时如果人民法院执行了买受人购买的不动产，买受人可以提出执行异议的申请，或者提起执行异议之诉来维护自身的合法权益。《最高人民法院关于人民法院办理执行异议和复议案件若干问题的规定》第二十八条规定："金钱债权执行中，买受人对登记在被执行人名下的不动产提出异议，符合下列情形且其权利能够排除执行的，人民法院应予支持：（一）在人民法院查封之前已签订合法有效的书面买卖合同；（二）在人民法院查封之前已合法占有该不动产；（三）已支付全部价款，或者已按照合同约定支付部分价款且将剩余价款按照人民法院的要求交付执行；（四）非因买受人自身原因未办理过户登记。”此规定进一步明确了，在执行过程中，拥有物权期待权人在符合相应条件下，提出执行异议时，是可以得到支持的，进一步通过具体方式保护其相关权益。

物权期待权虽然有上述司法解释进行规定，但实践中具体情形五花八门，上述规定在实践中实施起来也存在各种不同的理解和不同的处理方式。也有相关学者否定这一权利的存在，认为在未办理过户登记之前均为债权，仅享有合同权利，由此可见，物权期待权有待在具体案例中具体探讨。

具体到本案中，案外人张某圣、张某恒对案涉房屋享有的是物权期待权，与申请执行人刘某生的普通金钱债权相比，应予优先保护。因张某圣、张某恒支付了全部的购房款，且已经实际占有居住该房屋十余年，其基于合同享有的一般债权转化为其对房屋享有的物权期待权。该物权期待权虽然属于债权，但已不同于一般债权。刘某军因张某圣、张某恒履行了全部的付款义务，而让渡了其对房屋占有、使用、收益及部分处分的物权权能，且张某圣、张某恒也因实际占有居住案涉房屋多年获得了一定的公示效力，申请执行人刘某生亦明知张某圣、张某恒实际占有居住案涉房屋多年。故张某圣、张某恒享有的物权期待权应当优先于刘某生的普通金钱债权。

编写人：湖南省郴州市北湖区人民法院　刘斌

10

案外人执行异议之诉，既要确认案外人对执行标的是否享有实体权利，又要对该实体权利能否阻却强制执行作出判断

——甘某涛诉某融资担保公司等执行异议之诉案

【案件基本信息】

1. 裁判书字号

新疆维吾尔自治区昌吉市人民法院（2020）新 2301 民初 1943 号民事判决书

2. 案由：执行异议之诉

3. 当事人

原告：甘某涛

被告：某融资担保公司

第三人：某商贸公司、高某兵、袁某英、高某棣

【基本案情】

2008 年 12 月 17 日，某置业公司与甘某涛签订了《商品房买卖合同》，并向甘某涛出具一张收据，注明：以工程款转顶房款 456264 元；同日，某蔬菜盐业公司向甘某涛出具订购合同，将其综合办公楼下 11 号门面房抵甘某涛综合楼配套工程款。2011 年 7 月 25 日，某蔬菜盐业公司变更名称为某商贸公司。甘某涛于 2011 年至今将涉案门面房出租给他人，其间，涉案房屋的水费、电费均由承租人向某商贸公司缴纳。

某商贸公司于2011年取得涉案房产在内的昌吉市36区5丘×栋总层数4层的商业综合楼的昌市房字第0××1号房权证，于2017年1月20日办理抵押登记，抵押权人为某融资担保公司，担保债权数额为800万元。某融资担保公司与某商贸公司、高某兵、袁某英、高某棣追偿权纠纷一案，经法院出具（2019）新23民终13号民事调解书结案。某融资担保公司作为申请执行人向法院申请强制执行，甘某涛于2020年4月22日对法院执行位于昌吉市健康西路55号昌吉市36区5丘×栋商业综合楼一层11号商业用房的执行行为提出书面异议，法院遂作出“驳回案外人甘某涛的异议请求”的（2020）新2301执异40号执行裁定书，甘某涛于2020年5月11日向法院提出案外人执行异议之诉。

另查明，某商贸公司与某置业公司住所地均位于新疆昌吉州昌吉市健康西路55号（36区×栋；5丘×栋），法定代表人均为高某兵，某商贸公司占某置业公司96.5%的股权，赵某江、高某艳均为两公司股东，并且2001年某置业公司的审计报告中挂账有某商贸公司综合楼工程款的项目。

【案件焦点】

案外人执行异议之诉中，案外人的异议是否成立的确定。

【法院裁判要旨】

新疆维吾尔自治区昌吉市人民法院经审理认为：《最高人民法院关于人民法院办理执行异议和复议案件若干问题的规定》第二十八条规定：“金钱债权执行中，买受人对登记在被执行人名下的不动产提出异议，符合下列情形且其权利能够排除执行的，人民法院应予支持：（一）在人民法院查封之前已签订合法有效的书面买卖合同；（二）在人民法院查封之前已合法占有该不动产；（三）已支付全部价款，或者已按照合同约定支付部分价款且将剩余价款按照人民法院的要求交付执行；（四）非因买受人自身原因未办理过户登记。”案外人享有的权利排除执行，四个要件必须全部具备，缺一不可。本案中，第一，涉案门面房的所有权登记在某商贸公司名下，某置业公司与某商贸公司的法定代表人均为高某兵，且办公场所相同，两公司属于“一套人马，两块牌子”而引起的人格混同，长期以来两个公司存在经营、资产、人员等方面严重混同，两个公司实质上已混同一体，某商贸公司对2008年某置业公司以其名义销售登记在其名下的房产明知且认可，涉案门面房的买卖合同是某置业公司、某商贸公司与甘某涛三方当事人的真实意思表示，且甘某涛签订房屋买卖合同中约定的11号门面房系某商贸公司昌市房字第0××1号房权证中的房屋的一部分。第二，某置业公司出具的收款收据，证实涉案综合楼11号门面房的房款456264元已全额抵付，因两家公司财务混同，该收款收据视为已交付某商贸公司全额房款。第三，甘某涛购买房屋后已经合法占有涉案门面房，并通过对外租赁的方式对房屋进行收益。第四，涉案门面房未办理房产过户登记，因该涉案房屋不符合过户登记条件，故无法将涉案门面房过户给甘某涛，并非甘某涛消极不行使登记权利。综上，甘某涛对案涉不动产享有足以排除执行的物权期待权，应停止对案涉房屋的执行。

对于甘某涛要求确认案涉房屋所有权是否应予支持。由于案涉房产并未办理所有权登记变更手续，目前仍登记在某商贸公司名下，依照《中华人民共和国物权法》第九条关于“不动产”物权的设立、变更、转让和消灭，经依法登记，发生效力；未经登记，不发生效力，但法律另有规定的除外”的规定，根据甘某涛与某商贸公司签订的商品房买卖合同，现阶段甘某涛对案涉房产仅享有请求相关登记机关进行所有权人变更的权利，尚不具备直接确认其享有所有权的基础和条件，法院对甘某涛请求确认对案涉房产享有所有权的请求，不予支持。

新疆维吾尔自治区昌吉市人民法院依照《中华人民共和国民事诉讼法》第一百四十四条、第二百二十七条，《最高人民法院关于适用〈中华人民共和国民事诉讼法〉的解释》第九十条、第三百零七条、第三百一十一条、第三百一十二条第一款，《最高人民法院关于人民法院办理执行异议和复议案件若干问题的规定》第二十八条之规定，判决如下：

一、停止对位于昌吉市健康西路55号某商贸公司综合楼一层11号商业门面房强制执行（房权证号：昌市房字第0××1号，昌吉市36区5丘×栋×号）；

二、驳回原告甘某涛的其他诉讼请求。

【法官后语】

案外人执行异议之诉作为一项新类型案件，其本身具有两栖性，横跨实体法和程序法两大领域。在程序上不同于普通民事诉讼程序，要求案外人提起诉讼须符合《中华人民共和国民事诉讼法》第一百二十二条的起诉条件，且案外人的执行异议申请已经被人民法院裁定驳回，并在法律规定的时间内提出明确排除对执行标的执行而与原判决、裁定无关的诉讼请求。对于甘某涛要求立即停止对位于昌吉市健康西路某商贸公司综合楼一层11号商业门面房的强制执行的请求，甘某涛作为案外人在提起执行异议申请被驳回后，在法定期间内提起异议之诉，符合法律规定。

提起案外人执行异议之诉，诉争本质上是实体权利之争，亦即案外人在起诉时应在证据外观上享有《最高人民法院关于适用〈中华人民共和国民事诉讼法〉的解释》第三百一十一条、第三百一十二条规定的“足以排除强制执行的民事权益”，在实体审理时，《最高人民法院关于人民法院办理执行异议和复议案件若干问题的规定》第二十八条规定：“金钱债权执行中，买受人对登记在被执行人名下的不动产提出异议，符合下列情形且其权利能够排除执行的，人民法院应予支持：（一）在人民法院查封之前已签订合法有效的书面买卖合同；（二）在人民法院查封之前已合法占有该不动产；（三）已支付全部价款，或者已按照合同约定支付部分价款且将剩余价款按照人民法院的要求交付执行；（四）非因买受人自身原因未办理过户登记。”结合本案情况，以上四个条件本案的原告均提交证据证实，第一，本案涉案门面房的商品房买卖合同是某置业公司、某商贸公司与甘某涛三方当事人的真实意思表示；第二，涉案房产系某商贸公司昌市房字第0××1号房权证中的房屋的一部分，且涉案房产属于以房抵债；第三，某商贸公司交付涉案房产后甘某涛即对外出租，表明甘某涛在涉案门面房被查封前，已经合法占有涉案门面房；第四，涉案门面房未办理房产过户登记，某商贸公司自认系其自身原因，不符合房屋过户登记条件，故无法将涉案门面房过户给甘某涛，并非甘某涛消极不行使登记权利，因此，未进行物权变更登记的原因不可归责于甘某涛。综上，甘某涛对案涉不动产享有足以排除执行的物权期待权，应停止对案涉房屋的执行，故甘某涛作为案外人享有对案涉不动产足以排除执行的物权期待权。

对于原告要求确权的请求，根据《最高人民法院关于适用〈中华人民共和国民事诉讼法〉的解释》第三百一十二条的规定，案外人同时提出确认其权利的诉讼请求的，人民法院可以在判决中一并作出裁判。但本案中甘某涛虽享有对案涉不动产足以排除执行的物权期待权，因案涉房产目前仍登记在第三人名下，且已办理抵押，依照《中华人民共和国物权法》第九条关于“不动产物权的设立、变更、转让和消灭，经依法登记，发生效力；未经登记，不发生效力，但法律另有规定的除外”的规定，尚不具备直接确认其享有所有权的基础和条件，法院对原告请求确认对案涉房产享有所有权的请求，不予支持。

编写人：新疆维吾尔自治区昌吉市人民法院　马旭荣

11

以物抵债协议不能排除对执行标的的强制执行

——何某飞诉姜某等案外人执行异议之诉案

【案件基本信息】

1. 裁判书字号

江苏省南通市中级人民法院（2020）苏06民终3787号民事判决书

2. 案由：案外人执行异议之诉

3. 当事人

原告（上诉人、案外人）：何某飞

被告（被上诉人、申请执行人）：姜某

被告（被上诉人、被执行人）：王某、马某红

【基本案情】

何某飞与王某系朋友关系，2010年，王某向某水利开发公司（何某飞持该公司95%的股权，并担任该公司法定代表人）借款900万元。借款发生后，王某无力偿还全部借款，遂以其名下位于三亚市河东区某小区F栋801室、901室两处房产折抵借款132.4万元。

上述两套房屋登记情况为：三亚市河东区某小区F楼901室房屋产权证已于2012年办理了变更登记，该房屋所有权人现登记为何某飞；801室房屋未办理过户登记手续，房屋所有权人仍登记为王某。801室房屋未办理过户登记的原因是彼时三亚市出台了房屋限购政策，在三亚市（区）范围内，非海南省户籍居民家庭限购1套住房，何某飞不是海南省户籍居民，无法对该套房屋办理过户登记手续。

2018年3月15日，对于姜某诉王某、马某红民间借贷纠纷一案，江苏省南通市通州区人民法院出具民事调解书，双方达成调解协议：王某、马某红于2018年7月30日前一次性偿还姜某借款500万元。履行期间届满后，王某、马某红未能履行还款义务，姜某便向江苏省南通市通州区人民法院申请强制执行。执行过程中，江苏省南通市通州区人民法院委托海南省三亚市城郊人民法院对登记在王某名下位于三亚市河东区某小区F栋801室房屋进行查封。2019年4月4日，江苏省南通市通州区人民法院作出执行裁定，决定拍卖该房屋。法院执行过程中，案外人何某飞提出异议，认为其为该房屋的实际所有人，故要求法院停止执行。江苏省南通市通州区人民法院认为何某飞的异议理由不能成立，裁定驳回其请求。何某飞不服该裁定，依法向江苏省南通市通州区人民法院提出执行异议之诉。

【案件焦点】

何某飞要求法院停止对三亚市河东区某小区F楼801室房屋执行并确认该房屋归其所有是否符合法律规定。

【法院裁判要旨】

江苏省南通市通州区人民法院经审理认为：《最高人民法院关于人民法院办理执行异议和复议案件若干问题的规定》第二十八条规定，“金钱债权执行中，买受人对登记在被执行人名下的不动产提出异议，符合下列情形且其权利能够排除执行的，人民法院应予支持：（一）在人民法院查封之前已签订合法有效的书面买卖合同；（二）在人民法院查封之前已合法占有该不动产；（三）已支付全部价款，或者已按照合同约定支付部分价款且将剩余价款按照人民法院的要求交付执行；（四）非因买受人自身原因未办理过户登记”。本案中，何某飞要求排除对案涉房屋的执行不符合上述规定。理由为：（1）物权期待权是指案外人对房屋虽尚不享有物权法意义上的物权，但因具备了物权的实质性要素，依法可以合理预期通过办理不动产登记将该物权期待权转化为物权法意义上的现实物权。本案中，根据三亚市商品房限购政策，何某飞不符合购买第二套房屋的条件，无法请求出卖人即王某为其办理案涉房屋过户登记，故其对案涉房屋不享有物权期待权。（2）何某飞称购买案涉房屋是为以房抵债，即其签订购房合同不是为了获得房屋所有权，而是为了实现借款债权的清偿，根据债权平等原则，某水利开发公司对王某享有的债权相较于本案所涉执行债权而言，并不具有优先保护的价值。（3）何某飞提供的案涉房屋的物业管理费和有线电视费等收据上记载的用户名均为王某，上述费用不能认定为何某飞所交，何某飞主张其实际占有的房屋依据不足。（4）何某飞未能举证其曾向房屋登记机关提交办理房屋过户登记，其主张不能办理房屋过户登记系房屋限购政策而自身不存在过错的意见亦不能成立。

江苏省南通市通州区人民法院依照《中华人民共和国合同法》第一百三十条，《中华人民共和国民事诉讼法》第二百二十七条，《最高人民法院关于适用〈中华人民共和国民事诉讼法〉的解释》第三百一十条、第三百一十一条、第三百一十二条第一款第（二）项之规定，作出判决：

驳回原告何某飞的诉讼请求。

何某飞不服一审判决，提起上诉。江苏省南通市中级人民法院同意一审法院的裁判意见，判决驳回上诉，维持原判。

【法官后语】

本案是一起处于限购政策中的房屋买受人要求排除强制执行的案例。本案争议焦点是何某飞对讼争房屋是否享有阻却法院强制执行的实体权利。根据何某飞主张的购买房屋情况：（1）何某飞在房屋被查封前与卖房人王某签订了《商品房买卖合同》；（2）限购政策并非法律、行政法规，不能成为合同无效的事由，故《商品房买卖合同》应认定为有效；（3）何某飞以其名下公司对卖房人王某所享有的债权抵算了购房款并将房屋交由其家人入住；（4）非因其自身原因未办理过户登记。结合以上四点，在不考虑以房抵债行为及限购政策的前提下，何某飞符合《最高人民法院关于人民法院办理执行异议和复议案件若干问题的规定》第二十八条规定的房屋买受人的条件，可取得对房屋的物权期待权，有权排除强制执行。

根据民法理论，物权期待权是当事人对取得物权可能性的期待，没有取得物权可能性的主体不享有物权期待权。房地产限购政策虽然不是法律、行政法规，但属于行政命令。该行政命令直接限制了不符合购房条件的房屋买受人取得房屋所有权的可能。因此，没有购房资格的主体不可能对所购房屋享有物权期待权，也不可能根据《最高人民法院关于人民法院办理执行异议和复议案件若干问题的规定》第二十八条的规定要求排除强制执行。本案中，因限购政策的影响，何某飞事实上无法请求将讼争房屋变更登记至自己名下，其要求阻却另案执行及确认房屋所有权的请求，不应得到支持。

一般而言，案外人不享有足以排除另案执行的民事权益时，无权主张排除另案对于诉争标的物的强制执行程序。但是，《最高人民法院关于人民法院办理执行异议和复议案件若干问题的规定》第二十八条对债权人以其享有的债权可以排除强制执行作出了例外规定。如适用该规定，则需要案件事实符合例外规定中的每一适用要件。本案中，何某飞与王某签订的以房屋冲抵借款的合同不同于房屋买卖合同，实质属于以物抵债，是债的清偿，而不是房屋买卖合同，相对于另案执行的民事权益而言，并不具有优先保护的价值，因而不能适用《最高人民法院关于人民法院办理执行异议和复议案件若干问题的规定》第二十八条的规定，何某飞不能主张排除另案强制执行。

本案的指引意义是，以物抵债协议未实际履行的，案外人未取得抵债物所有权，不享有足以排除另案执行的民事权益，不能据此排除强制执行程序。所以，当事人在签订以物抵债协议后，应当注意及时办理所有权变更登记。另外，房屋买受人也要密切关注限购政策，防范风险。如前案例所述，限购政策虽然不影响房屋买卖合同效力，但由于限购政策，房屋无法办理过户登记。在限购因素未消除的情况下，房屋买受人将面临已支付房款却无法取得房屋所有权的巨大风险。

编写人：江苏省南通市通州区人民法院　邓建华　赵洪芳

12

婚内形成的分割房产的调解书不能作为阻碍执行的依据

——王某诉王某泉、孟某云执行异议之诉案

【案件基本信息】

1. 裁判书字号

北京市第二中级人民法院（2020）京02民终10125号民事判决书

2. 案由：执行异议之诉

3. 当事人

原告（上诉人）：王某

被告（被上诉人）：王某泉

第三人：孟某云

【基本案情】

王某与孟某云于2007年8月27日登记结婚，2012年3月30日，王某泉与

孟某云签订《协议书》：甲、乙双方协商一致，共同确认自2007年以来，甲方（王某泉）陆续借给乙方（孟某云）人民币2300万元……乙方孟某云与王某为共同债务人，互相承担连带责任。该协议有王某泉、孟某云、王某三方签名。2013年9月26日，北京市某公证处作出（2013）京某内民证字第30764号公证书，2014年11月20日作出（2014）京某执字第00951号执行证书，执行标的为本金人民币28175000元+利息+违约金+实现债权所产生的其他相关费用。其后王某以共有权确认纠纷为案由向北京市昌平区人民法院提起诉讼请求依法确认涉案房屋的共有份额。2014年3月26日北京市昌平区人民法院作出（2014）昌民初字第1555号民事调解书。该调解书确认王某占有北京市昌平区枫树家园×区××号房屋（房产证号：×京房权证私字第×××号）59%的份额；孟某云占有北京昌平区枫树家园×区××号房屋（房权证号：×京房权证私字第×××号）41%的份额。因孟某云未履行上述公证书载明的义务，王某泉向北京市西城区人民法院申请强制执行。北京市西城区人民法院于2015年1月5日以2015年西执字第01323号执行案件立案执行，2016年3月24日，该案以本次执行程序终结结案。2015年2月3日，法院执行实施部门查封孟某云名下房权证号为×京房权证私字第×××号的涉案房屋，查封期限自2015年2月3日至2017年2月2日。后涉案房屋的查封期限予以延期。王某与孟某云于2017年5月4日办理离婚登记。

【案件焦点】

王某与孟某云在婚内形成的房屋产权比例分配的调解书能否阻碍执行。

【法院裁判要旨】

北京市西城区人民法院经审理认为：《最高人民法院关于人民法院办理执行异议和复议案件若干问题的规定》第二十六条规定，“金钱债权执行中，案外人依据执行标的被查封、扣押、冻结前作出的另案生效法律文书提出排除执行异议，人民法院应当按照下列情形，分别处理：（一）该法律文书系就案外人与被执行人之间的权属纠纷以及租赁、借用、保管等不以转移财产权属为目的的合同纠纷，判决、裁决执行标的归属于案外人或者向其返还执行标的且其权利能够排除执行的，应予支持；（二）该法律文书系就案外人与被执行人之间除前项所列合同之外的债权纠纷，判决、裁决执行标的归属于案外人或者向其交付、返还执行标的的，不予支持；（三）该法律文书系案外人受让执行标的的拍卖、变卖成交裁定或者以物抵债裁定且其权利能够排除执行的，应予支持”。本案中，王某与孟某云对涉案房屋共有权份额确认的（2014）昌民初字第 1555 号民事调解书不属于上述条款中规定的能够排除执行的判决、裁决，现涉案房屋登记在被执行人孟某云一人名下，执行实施部门查封该房屋并无不当。王某的异议请求，缺乏事实及法律依据，法院不予支持。

对于王某提出的对涉案房屋的确权诉求，法院认为王某与孟某云已就涉案房屋的权属份额在北京市昌平区人民法院达成调解，并由该院出具了（2014）昌民初字第 1555 号民事调解书，该调解书早已生效，故法院对王某的该诉求不予支持。

北京市西城区人民法院依照《中华人民共和国民事诉讼法》第一百五十四条第一款第（十一）项、第二百二十七条，《最高人民法院关于人民法院办理执行异议和复议案件若干问题的规定》第二十六条第一款规定，判决如下：

驳回原告王某的诉讼请求。

王某不服一审判决，提出上诉。北京市第二中级人民法院经审理认为：《最高人民法院关于人民法院民事执行中查封、扣押、冻结财产的规定》第二条规定，人民法院可以查封、扣押、冻结登记在被执行人名下的不动产。根据本案审理查明的事实，涉案房屋系孟某云在与王某登记结婚之前以个人名义购买，并且登记在孟某云个人名下，涉案房屋的不动产登记簿上记载房屋共有情况为单独所有。孟某云与王某泉于 2013 年 9 月 26 日就双方签订的《还款协议》办理公证，并赋予该《还款协议》强制执行效力。后王某泉依据北京市某公证处作出的执行证书向一审法院申请强制执行。一审法院受理该案后于 2015 年 2 月 3 日查封登记在孟某云名下的涉案房屋，符合上述司法解释的规定，并无不当。本案中，王某请求确认其为涉案房屋的所有权人，要求解除对涉案房屋的查封。根据王某提供的证据，王某曾向北京市昌平区人民法院提起诉讼，请求确认其与孟某云对涉案房屋的共有份额。在该案审理过程中，孟某云与王某自愿达成调解协议，北京市昌平区人民法院据此于2014年3月26日作出（2014）昌民初字第1555号民事调解书，确认王某占有涉案房屋59%的份额，孟某云占有涉案房屋41%的份额，但双方当事人并未就涉案房屋办理所有权变更登记。在涉案房屋被查封后，王某与孟某云于2017年5月4日签订《离婚协议书》，约定涉案房屋归王某所有。法院认为，王某与孟某云就涉案房屋权属所作出的离婚协议约定，不能对抗一审法院在先的查封行为。王某要求确认其为涉案房屋的所有权人的诉讼请求，依据不足，法院不予支持。综上所述，王某的上诉请求不能成立，应予驳回；一审判决认定事实清楚，适用法律正确，应予维持。

北京市第二中级人民法院依照《中华人民共和国民事诉讼法》第一百七十条第一款第（一）项规定，判决如下：

驳回上诉，维持原判。

【法官后语】

本案涉及的核心问题是，在金钱债权案件的执行程序中，法院依法查封登记在被执行人名下的房产，案外人以另案的确权调解书提起执行异议之诉，要求确认房屋的所有权并要求阻却对该房产的执行，法院能否支持。《最高人民法院关于人民法院办理执行异议和复议案件若干问题的规定》第二十六条规定，金钱债权执行中，案外人依据执行标的被查封、扣押、冻结前作出的另案生效法律文书提出排除执行异议，人民法院应当按照下列情形，分别处理：(1) 该法律文书系就案外人与被执行人之间的权属纠纷以及租赁、借用、保管等不以转移财产权属为目的的合同纠纷，判决、裁决执行标的归属于案外人或者向其返还执行标的且其权利能够排除执行的，应予支持；(2) 该法律文书系就案外人与被执行人之间除前项所列合同之外的债权纠纷，判决、裁决执行标的归属于案外人或者向其交付、返还执行标的的，不予支持。(3) 该法律文书系案外人受让执行标的的拍卖、变卖成交裁定或者以物抵债裁定且其权利能够排除执行的，应予支持。本案中王某所举证的调解书是否属于该条中第（一）

项所称的能够排除执行的裁判文书。笔者认为答案是否定的，因为该调解书并不直接产生物权变动的法律后果，因而不能阻却执行程序。物权变动大致可以分为两类，一类是基于法律行为引起的物权变动，另一类则是基于法律规定、法院判决、仲裁裁决、政府征收决定、继承以及事实行为等非依法律行为引起的物权变动。《中华人民共和国物权法》第二十八条规定，因人民法院、仲裁委员会的法律文书或者人民政府的征收决定等，导致物权设立、变更、转让或消灭的，自法律文书或者人民政府的征收决定等生效时发生效力。《中华人民共和国民法典》第二百二十九条亦规定，因人民法院、仲裁机构的法律文书或者人民政府的征收决定等，导致物权设立、变更、转让或消灭的，自法律文书或者征收决定等生效时发生效力。上述法律规定即是针对前述第二类物权变动进行的规定。该种情况下的物权变动不经登记或交付，可以直接生效。

但并非所有的法律文书都可以直接引起物权变动。《最高人民法院关于适用〈中华人民共和国物权法〉若干问题的解释（一）》第七条规定，“人民法院、仲裁委员会在分割共有不动产或者动产等案件中作出并依法生效的改变原有物权关系的判决书、裁决书、调解书，以及人民法院在执行程序中作出的拍卖成交裁定书、以物抵债裁定书，应当认定为物权法第二十八条所称导致物权设立、变更、转让或者消灭的人民法院、仲裁委员会的法律文书”。《最高人民法院关于适用〈中华人民共和国民法典〉物权编的解释（一）》第七条规定，“人民法院、仲裁机构在分割共有不动产或者动产等案件中作出并依法生效的改变原有物权关系的判决书、裁决书、调解书，以及人民法院在执行程序中作出的拍卖成交裁定书、变卖成交裁定书、以物抵债裁定书，应当认定为民法典第二百二十九条所称导致物权设立、变更、转让或者消灭的人民法院、仲裁机构的法律文书”。上述规定实际明确了能够导致物权变动的法律文书指的是形成性的法律文书，给付性和确认性的法律文书不能导致物权变动。确认性的法律文书对应的是确认之诉，确认之诉并不以权利的实现为目的，其仅就某种权利或法律关系以及事实的存在与否予以宣告，根本上不导致任何权利的变动。形成性法律文书对应的是形成之诉，形成之诉是指一方请求法院、仲裁机构变动或消灭其与对方当事人之间现存的民事法律关系的诉。

本案中，原告通过调解书确认原告及第三人对涉案房屋所享有的份额比例，属于确认之诉，且不属于人民法院在分割共有不动产案件中作出并依法生效的改变原有物权关系的法律文书，故其不能产生物权变动的效果。原告据此要求法院予以确权并要求停止执行，与法律规定不符，亦不符合法理。本案判决的重要意义在于，明确了案外人不能依据另案生效的确权调解书阻却在金钱债权执行案件中对登记在被执行人名下房产的执行措施。

编写人：北京市西城区人民法院　陈访雄

13

案外共有人与申请执行人权利冲突的解决路径

——赵某诉刘某荣等案外人执行异议之诉案

【案件基本信息】

1. 裁判书字号

北京市丰台区人民法院（2020）京0106民初18111号民事判决书

2. 案由：案外人执行异议之诉

3. 当事人

原告：赵某

被告：刘某荣

第三人：陈某昊

【基本案情】

2008年4月18日赵某和陈某昊登记结婚。2013年4月24日，买受人陈某昊和出卖人某置业公司签订《商品房买卖合同》（合同号：2013×××），约定陈某昊购买位于山西省太原市龙城南路××号6幢1单元301号商品房（预售商品房）。

刘某荣与某工贸公司、杨某兵、张某、赵某海、陈某昊、赵某娜、樊某借款合同纠纷一案，法院于2016年5月20日作出的（2015）丰民（商）初字第14853号民事判决书已经发生法律效力，判决如下：

一、被告某工贸公司于本判决生效之日起七日内偿还原告刘某荣借款本金人民币2500万元；

二、被告某工贸公司于本判决生效之日起七日内支付原告刘某荣自2014年4月14日起至2015年7月8日止的利息6975000元；

三、被告某工贸公司于本判决生效之日起七日内，以2500万元为基数，按照每日万分之六点二的利率，支付原告刘某荣自2015年7月9日起至实际付清之日止的利息；

四、被告杨某兵、张某、赵某海、陈某昊、赵某娜、樊某对被告某工贸公司的上述债务承担连带清偿责任；

五、被告杨某兵、张某、赵某海、陈某昊、赵某娜、樊某承担连带清偿责任后有权向被告某工贸公司追偿；

六、驳回原告刘某荣的其他诉讼请求。如果未按本判决指定的期间履行给付金钱义务，应当依照《中华人民共和国民事诉讼法》第二百五十三条之规定，加倍支付迟延履行期间的债务利息。案件受理费201675元及保全费5000元，均由被告某工贸公司、杨某兵、张某、赵某海、陈某昊、赵某娜、樊某负担（于本判决生效后七日内交纳）。

2016年7月26日，刘某荣向法院申请执行，法院依法受理，案号为（2016）京0106执4705号。在执行过程中，经法院穷尽财产调查措施，未发现被执行人名下有可供执行的财产。2017年1月，法院作出（2016）京0106执4705号执行裁定书，裁定（2016）京0106执4705号案件终结本次执行程序。2017年11月9日，法院作出（2016）京0106执4705号执行裁定书，裁定继续预查封被执行人陈某昊名下位于山西省太原市龙城南路××号6幢1单元301号商品房（合同号：2013×××）。2017年11月20日，某市国土资源局向法院出具

《告知函》，内容为“北京市丰台区人民法院：我中心根据太原市房产交易服务中心编号为 YCF2017××《预查封房产档案查询结果反馈单》内容原文回复如下：经某房地产登记系统、楼盘信息查询，截至 2017 年 11 月 10 日 16 点 39 分，续预查封陈某昊名下位于龙城南路××号 6 幢 1 单元 301 号商品房的房产。合同编号：2013×××。付款方式：一次性付款，已签约已备案。限制期限：2017-11-09~2020-11-08。特此函告”。

赵某以其拥有查封的涉案房屋一半产权及借款债务是陈某昊个人债务为由，向法院提出执行异议，法院于 2020 年 5 月 6 日作出（2020）京 0106 执异 239 号执行裁定书，驳回赵某的异议请求。随后，赵某提起本次诉讼，请求法院判令立即停止对山西省太原市龙城南路××号 6 幢 1 单元 301 号房屋的执行（拍卖）并解除该房屋中原告享有份额内财产的查封。

【案件焦点】

1. 如何解决申请执行人基于债权对房屋享有的执行权利与房屋上原附着的案外人共有权利之间发生的冲突；2. 如何保护案外共有人的合法权益。

【法院裁判要旨】

北京市丰台区人民法院经审理认为：《最高人民法院、国土资源部、建设部关于依法规范人民法院执行和国土资源房地产管理部门协助执行若干问题的通知》第十五条规定，人民法院可以对被执行人购买的办理了商品房预售合同登记备案手续或者商品房预告登记的房屋采取预查封措施。根据 2017 年 11 月 20 日某市国土资源局向法院出具的《告知函》，法院对陈某昊购买的位于山西省太原市龙城南路××号 6 幢 1 单元 301 号房屋采取继续预查封措施，符合法律规定。依据赵某提交的证据可知，涉案房屋为赵某与陈某昊在婚姻关系存续期间购买，依据《中华人民共和国婚姻法》第十七条的规定，应属夫妻共同财产。《最高人民法院关于人民法院民事执行中查封、扣押、冻结财产的规定》第十四条第一款规定：“对被执行人与其他人共有的财产，人民法院可以查封、扣押、冻结，并及时通知共有人。”由此可知，赵某以涉案房屋属于夫妻共同财产为由要求停止执行，缺乏依据。《最高人民法院关于人民法院民事执行中查封、扣押、冻结财产的规定》第十四条第二款规定，“共有人协议分割共有财产，并经债权人认可的，人民法院可以认定有效。查封、扣押、冻结的效力及于协议分割后被执行人享有份额内的财产；对其他共有人享有份额内的财产的查封、扣押、冻结，人民法院应当裁定予以解除”，该条款明确规定了“对其他共有人享有份额内的财产的查封、扣押、冻结，法院应当裁定予以解除”的前提条件是“共有人协议分割共有财产，并经债权人认可”，本案中，赵某和陈某昊夫妻关系正常存续，法律一般不允许夫妻婚内分割共同财产，故赵某要求解除对龙城南路××号6幢1单元301号房屋中赵某享有份额内财产的查封，不符合法律规定，法院不予支持。但应当指出的是，法院在对龙城南路××号6幢1单元301号房屋进行拍卖时，应当在赵某和陈某昊夫妻共有财产的范围内对陈某昊享有的财产份额予以处分，不得损害赵某的财产份额。

北京市丰台区人民法院依照《中华人民共和国婚姻法》第十七条、《最高人民法院关于适用〈中华人民共和国婚姻法〉若干问题的解释（三）》第四条、《最高人民法院关于人民法院民事执行中查封、扣押、冻结财产的规定》第十四条第一款之规定，判决如下：

驳回赵某的全部诉讼请求。

【法官后语】

本案实质上是申请执行人基于债权对房屋享有的执行权利与房屋上原附着的案外人共有权利之间发生的冲突，此时可通过以下步骤综合判断案外人对房屋的实体权利能否对抗执行。

一、判断债权债务属性

申请执行人对房屋的执行权利是根据生效裁判文书确定的债权衍生而来，是为实现债权而产生，本质上仍属债权。作为执行依据的裁判文书如果没有认定为夫妻共同债务的，不宜直接追加夫妻另一方为案件的被执行人，该债务仅为夫妻一方（被执行人）的个人债务。若为夫妻共同债务则应共同偿还，显然无法对抗执行，无需继续讨论。

二、明晰房屋执行问题

（1）确定房屋的权属。涉案房屋仅登记在被执行人名下，需确定是否属于被执行人及案外人共有、是否有其他共有权人。涉案房屋购买于陈某昊与赵某夫妻关系存续期间，在夫妻双方无特别约定的情况下，应认定为夫妻共有房屋。

（2）确定房屋的共有份额。夫妻共同财产，归夫妻共同所有，夫妻双方有平等的处理权，一般不可以进行分割。但《中华人民共和国民法典》第三百零三条同时规定，共同共有人在共有的基础丧失或者有重大理由需要分割时可以请求分割。夫妻共同所有的财产，除另有约定的外，分割时夫妻各占一半份额。

（3）共有房屋的执行范围。根据《最高人民法院关于人民法院民事执行中查封、扣押、冻结财产的规定》（2020 修正）第十二条的规定，一般情况下，直接进入执行程序，在执行时及于共有房屋的全部，只需做到及时通知案外共有人即可。共有房屋变现后，对被执行人名下份额的款项进行执行、冲抵申请执行人的债权，属于案外共有人的份额下的款项退还给案外共有人。

以下两种特殊情况可以阻止对整个共有房屋的强制执行，先通过分割协议或者析产诉讼方式分割共有财产然后进入执行程序。

第一种情况是，共有人对共有财产进行协议分割，并得到债权人认可，此时对房屋的权利及其份额由申请执行人、被执行人、案外共有人协商确定、达成合意，如无其他违反法律法规的情形，该协议有效，应按照协议进行强制执行：对协议分割后被执行人享有的份额内的财产可以强制执行，对案外共有人享有份额内的财产不予强制执行，已经采取强制措施的应当裁定解除；如果共有人对份额没有协商一致，或者协议没有得到债权人的认可，可见各方未达成合意，此时继续执行全部共有财产。

第二种情况是，共有人提起析产诉讼或者申请执行人代位提起析产诉讼的，可以起到中止执行共有财产的效果。可以在共有人内部进行析产诉讼，也可以由申请执行人代位被执行人作为一方当事人，由共有人作为对方当事人，提起析产诉讼，待析产诉讼结果确定后，申请执行人可以申请恢复执行，法院应以析产诉讼的结果为依据，继续执行。

（4）保障案外共有人的权益。案外共有人可以通过以上两种方式阻止对共有财产的执行，如果没能先对该共有财产析产、分割，然后再进行司法处置的话，在拍卖该共有不动产时，应保留案外共有人的财产份额，仅执行被执行人享有的份额。

综上所述，由于涉案房屋购买于陈某昊与赵某夫妻关系存续期间，应认定为夫妻共有房屋，在没有分割协议或者析产诉讼中止执行程序的情况下，法院可直接执行该共有房屋的全部，但在执行过程中，要充分保障案外共有人的合法权益。申请执行人为实现对夫妻一方享有的债权而申请强制执行时，法院应当在夫妻共有财产的范围内对被执行人享有的财产份额予以处分，不得损害案外共有人的财产份额。

当前我国尚无强制执行法，法院强制执行的法律依据主要是民事诉讼法及最高人民法院关于强制执行的有关司法解释，今后，更应进一步细化法律法规，优化案外共有人与申请执行人之间的利益平衡，在执行过程中保障案外共有人对共有财产的优先购买权。

编写人：北京市丰台区人民法院　商丽颖　李晓慧

14

执行和解中以物抵债的债权人能否排除对该标的之强制执行

——李某峰诉某建筑公司案外人执行异议之诉案

【案件基本信息】

1. 裁判书字号

吉林省高级人民法院（2019）吉民终138号民事判决书

2. 案由：案外人执行异议之诉

3. 当事人

原告（执行案外人、上诉人、再审申请人）：李某峰

被告（申请执行人、被上诉人、再审被申请人）：某建筑公司

第三人（被执行人、原审第三人）：某房地产开发公司

【基本案情】

2016 年 12 月 5 日，吉林省吉林市中级人民法院审理某建筑公司与某房地产开发公司一案，查封了某房地产开发公司在吉林市船营区 34 处涉案房屋。该案执行过程中，李某峰向吉林省吉林市中级人民法院提起案外人执行异议之诉，庭审中查清，吉林省吉林市中级人民法院曾于 2016 年 8 月 11 日作出（2016）吉 02 民初 131 号之一裁定书，查封了某房地产开发公司包含本案涉案房屋在内的 48 套房屋，在该判决书生执行过程中，李某峰与某房地产开发公司达成以物抵债和解协议，2018 年 6 月 8 日，吉林省吉林市中级人民法院作出（2018）吉 02 执 192 号之一执行裁定书，解除了对上诉房屋的查封。同日，李某峰到吉林市房屋权属交易服务中心对上述房屋办理了商品房合同备案并缴纳了房屋的专项维修资金。另查明，2018 年 7 月 2 日，李某峰到吉林市某物业公司缴纳了本案涉案的 6 套房屋的 2018 年 7 月 1 日至 2019 年 6 月 30 日的物业费。执行异议之诉审查中，吉林市中级人民法院认为李某峰对案涉 34（其中 1 套房屋已经出卖给刘某办理了备案登记，一套房屋出卖给李某艳办理了备案登记，李某峰不再主张权利）套房屋中的 6 套房屋享有排除执行的民事权益，故判决支持李某峰的部分诉求（支持 6 套，未支持 26 套）。李某峰不服，上诉至吉林省高级人民法院。2019 年 5 月，吉林省高级人民法院判决驳回李某峰上诉，维持原判。李某峰不服，向最高人民法院申请再审，2019 年 8 月 30 日，最高人民法院裁定驳回李某峰的再审申请。

【案件焦点】

在执行和解中达成以物抵债协议后，李某峰对原审判决不予停止执行的 26 套房屋，是否享有足以排除强制执行的民事权益。

【法院裁判要旨】

吉林省吉林市中级人民法院经审理认为：李某峰提供的维修资金的收费票据显然无法证实其已经对涉案房屋进行了实际占有，但其提供的 6 份物业费票据可以证明其已经对这 6 套房屋进行了管理，应视为对此 6 套房屋李某峰已经合法占有，可以排除执行。对涉案的其他房屋，李某峰自己承认其并未办理入住手续，亦未缴纳过涉案房屋的物业、水、暖、电等费用，故不能得出李某峰已经占有使用涉案房屋的结论，其请求排除执行的理由不符合法律规定，法院依法不予支持。关于李某峰提出涉案房屋已经归其所有的主张，《中华人民共和国物权法》第九条规定："不动产物权的设立、变更、转让和消灭，经依法登记，发生效力；未经登记，不发生效力，但法律另有规定的除外。"现涉案房屋仍登记在某房地产开发公司名下，李某峰虽然在房产登记部门进行了合同备案登记，然而，合同备案登记属于行政机关的行政管理行为，不具有物权期待权的法律效力，也不发生物权效力。故法院对李某峰的此主张不予支持。综上所述，李某峰请求确认涉案房屋归其所有的诉讼请求依据不足，法院不予支持。李某峰请求停止执行的诉讼请求部分有理，法院对有理的部分予以支持。

吉林省吉林市中级人民法院依照《中华人民共和国物权法》第九条、《最高人民法院关于人民法院办理执行异议和复议案件若干问题的规定》第二十八条、《中华人民共和国民事诉讼法》第二百二十七条、《最高人民法院关于适用〈中华人民共和国民事诉讼法〉的解释》第九十条、第三百一十一条规定，判决如下：

一、停止执行坐落于吉林市船营区涉案房屋；

二、驳回李某峰的其他诉讼请求。

李某峰不服一审判决，提前上诉。吉林省高级人民法院经审理认为：李某峰与某房地产开发公司在执行过程中达成和解协议，签订合法有效的以房抵债合同并支付了全部房屋价款，认定其性质属于一般房屋买卖合同。关于李某峰提出涉案房屋已经归其所有的主张，现涉案房屋仍登记在某房地产开发公司名下，李某峰虽然在房产登记部门进行了合同备案登记，然而，合同备案登记属于行政机关的行政管理行为，不具有物权期待权的法律效力，也不发生物权效力。根据《最高人民法院关于人民法院办理执行异议和复议案件若干问题的规定》第二十八条的规定，“金钱债权执行中，买受人对登记在被执行人名下的不动产提出异议，符合下列情形且其权利能够排除执行的，人民法院应予支持：（一）在人民法院查封前已签订合法有效的书面买卖合同；（二）在人民法院查封前已合法占有该不动产；（三）已支付全部价款，或者已按照合同约定支付部分价款，将剩余价款按照人民法院的要求交付执行；（四）非因买受人自身原因未办理过户登记”。本案中，李某峰执行异议能否成立的关键是其对房屋是否已经合法占有。从本案的事实来看，李某峰提供的维修资金的收费票据显然无法证实其已经对涉案房屋进行了实际占有，但其提供的 6 份物业费票据可以证明其已经对这 6 套房屋进行了管理，应视为已对此 6 套房屋合法占有，可以排除执行。对涉案的其他房屋，李某峰承认其并未办理入住手续，亦未缴纳过涉案房屋的物业、水、暖、电等费用，故不能得出其已经占有使用涉案房屋的结论，因此不能排除强制执行。

吉林省高级人民法院依照《中华人民共和国民事诉讼法》第一百七十条第一款第（一）项规定，判决如下：

驳回上诉，维持原判。

【法官后语】

当事人之间自行签订的以物抵债协议在未进行变更登记或交付前，不产生物权变动的效果，所以案外人不能主张排除对于该抵债物的强制执行程序。当事人除了以自行签订以物抵债协议的方式进行以物抵债外，还有通过法院介入以执行和解的形式进行的以物抵债。那么，在有法院介入的情况下，未进行变更登记或交付前，是否产生物权变动呢？如果债务人不履行和解协议的，债权人能否要求其继续履行？或者要求法院确认抵债物归债权人所有呢？

首先，应明确执行和解过程中以物抵债协议的性质。《最高人民法院第二巡回法庭法官会议纪要（第一辑）》中的司法观点认为：当事人在执行程序中达成的以物抵债的和解协议，本质上属于当事人意思自治的私权利的行使，属于当事人意思自治的行为，具有合同的性质。法院在执行程序中作出的和解协议，是对于当事人意思表示一致的确认，人民法院的参与只产生见证人的效果，并不直接产生抵债物权属变动的效果。抵债物的权属变动应按照《中华人民共和国物权法》第九条相关规定处理，即不动产的登记或动产的交付，执行和解协议本身并不产生物权变动的效果。如果债权人未及时要求债务人办理变更登记或交付，一旦该抵债物成为另案的执行标的物，债权人以案外人的身份申请排除对抵债物的执行将无法得到支持。但是，当案外人存在占有的事实时，即参照适用“一般不动产买受人”的物权期待权排除强制执行，法院可能会以物抵债协议等同于一般房屋买卖合同进而适用《最高人民法院关于人民法院办理执行异议和复议案件若干问题的规定》第二十八条的规定，支持案外人申请中止执行。本案再审中，最高人民法院再次适用了这一观点，李某峰虽与某房地产开发公司在执行中达成了和解协议，但并非法院的执行行为，不直接发生物权变动的效力；同时，商品房预售合同登记备案是只国家对不动产交易的一种行政管理方式，目的在于对房地产开发经营企业的商品房预售行为进行行政管理，并非赋予当事人因合同而取得登记请求权的物权效力，故李某峰不能因此直接取得案涉房屋的所有权。

其次，对于合法占有的审查，应当从对占有的事实和行为两方面进行判断：一是要审查案外人对不动产是否实现了对涉案房屋的支配和控制，审查案外人是否取得了房屋钥匙、是否办理了入住手续以及是否缴纳了水、暖、电、气及物业费用等；二是审查案外人占有的原因行为是否合法，以及占有行为本身是否合法。本案中，李某峰通过以物抵债的形式合法取得占有案涉房屋的权利，但其提供的6份物业费票据可以证明其已经对这6套房屋进行了管理，应视为对此6套房屋已经合法占有；对涉案的其他房屋提交的维修基金发票、商品房备案单、商品房包销合同等证据，只能证明其与某房地产开发公司在案涉26套房屋被查封前存在着以房抵债的执行和解行为，故不能认为其占有案涉房屋。

综上，执行程序中，执行和解协议系当事人意思自治的结果，本质上属于合同的范畴，其性质可认定为一般房屋买卖合同，不直接导致物权变动的法律效果，抵债物未变更登记或未交付的，债权人无权直接排除对抵债物的强制执行。作为一般的房屋买卖合同，执行和解中的以物抵债协议则可以适用《最高人民法院关于人民法院办理执行异议和复议案件若干问题的规定》第二十八条的规定，若核对案件事实符合该条款规定的四要件，即可排除抵债物的强制执行程序，反之则不可排除。

编写人：吉林省延边林区中级人民法院　孙源海

15

被执行人死亡、继承人放弃继承时对登记在被执行人名下的共有农村住宅可进行查封等强制措施处置

——贺某喜等诉董某合案外人执行异议之诉案

【案件基本信息】

1. 裁判书字号

山东省聊城市中级人民法院（2020）鲁15民终3079号民事裁定书

2. 案由：案外人执行异议之诉

3. 当事人

原告（上诉人、执行案外人）：贺某喜、李甲、李乙

被告（被上诉人、申请执行人）：董某合

【基本案情】

李某喜为山东省高唐县姜店镇某村村民，在本村拥有宅基地一处，建有北房五间及其他附属物。2011年6月2日，高唐县人民政府向李某喜颁发了集体土地使用权证。贺某喜与李甲、李乙分别系李某喜的妻子、儿子。因董某合诉李某喜民间借贷纠纷一案，人民法院于2019年2月20日作出（2018）鲁1526

民初 3436 号民事判决：被告李某喜于判决生效后十日内偿还原告董某合借款 20080 元。判决后，双方当事人均未提起上诉。2019 年 3 月 4 日，李某喜死亡。同年 10 月 22 日，人民法院作出（2019）鲁 1526 执 1001 号执行裁定书，查封李某喜所有的位于山东省高唐县姜店镇某村的宅基地一处、北房五间及其地上附着物。2020 年 4 月 15 日，人民法院立案恢复执行董某合与李某喜民间借贷纠纷案，同年 4 月 20 日，人民法院向李甲、李乙、贺某喜发出执行通知书等。2020 年 5 月 11 日，李甲、李乙、贺某喜提出书面执行异议，请求法院裁定中止对涉案房屋的执行并解除（2019）鲁 1526 执 1001 号执行裁定书对涉案房屋的查封。2020 年 5 月 18 日，李甲、李乙、贺某喜提交了放弃继承声明。人民法院经审查，于 2020 年 5 月 22 日作出（2020）鲁 1526 执异 25 号民事裁定书，裁定：一、停止对李甲、李乙、贺某喜的执行；二、驳回李甲、李乙、贺某喜的其他异议请求。原告不服，诉至本院。诉讼中，原告主张，因合法建造、拆除房屋等事实行为设立或者消灭物权的，自事实行为成就时发生效力。涉案房屋是由李甲、李乙兄弟二人于 2007 年出资建造，在建造房屋完成后，该房屋即为原告二人所有。

【案件焦点】

1. 案外人贺某喜等对案涉宅基地及房屋、附属建筑物享有的权利种类及性质；2. 该权利是否足以排除人民法院的强制执行。

【法院裁判要旨】

山东省聊城市高唐县人民法院经审理认为，本案系案外人执行异议之诉，案外人应举证证明其对案涉标的享有足以排除强制执行的民事权益。根据《中华人民共和国婚姻法》第十七条、第十八条以及《中华人民共和国物权法》第九十五条规定，李某喜、贺某喜夫妻婚姻关系存续期间所得的财产，归夫妻共同所有。案涉房产于贺某喜与李某喜婚姻存续期间取得，双方享有共同所有权。李甲、李乙对于案涉房屋为其合法建造的主张无证据支持，即便存在出资翻建房屋的事实，也不属于《中华人民共和国物权法》第三十条规定的情形，本院不予采信。虽然高集用（2011）第1105265号集体土地使用权证载明的土地使用权人为李某喜，但根据《中华人民共和国土地管理法》“农村村民一户只能拥有一处宅基地”的规定，该宅基地为李某喜“户”共同使用。“户”的人员范围，以公安机关户口登记簿登记的人员为准。经查，该户现有人员为李甲、李乙、贺某喜。原告贺某喜与李某喜共同共有涉案房屋，在李某喜死亡，贺某喜、李乙、李甲放弃对李某喜遗产继承的情况下，应根据《最高人民法院关于人民法院民事执行中查封、扣押、冻结财产的规定》第十四条规定对涉案房屋及其他附属物进行分割，并以分割后的李某喜遗产清偿债务。

“足以排除强制执行的民事权益”是指所主张的民事权益是唯一的、独占的民事权益，能够完全排除强制执行，在共同共有的情况下，共有人之一的共有并非唯一的、独占的民事权益，其可以通过行使优先购买权、分割共有物或者共有物的拍卖所得等方式实现自己的物权保护。因此，原告李甲、李乙、贺某喜并未举证证明其对执行标的享有足以排除强制执行的民事权益，其诉求本院不予支持。案外人贺某喜等可与申请执行人根据《最高人民法院关于人民法院民事执行中查封、扣押、冻结财产的规定》第十四条的规定对涉案房屋及其他附属物进行分割，并以分割后的李某喜遗产清偿债务。据此，作出如下判决：驳回李甲、李乙、贺某喜的诉讼请求。贺某喜等三原告不服，提起上诉。后贺某喜等三人以与董某合达成调解为由，向二审法院申请撤回上诉。二审法院裁定予以准许。

【法官后语】

农村住宅作为执行标的一直以来是司法实践中极具争议性的难点问题。如何既保障申请执行人的债权权利得以实现，又不至于造成农民流离失所的不良后果，是人民法院在处理涉农执行案件时的价值导向。本案除涉及执行标的系农村住宅外，还存在被执行人死亡的客观情形，在农村村民无其他财产可供执行的情况下，更为顺利执结案件加大了难度。

根据我国法律规定，夫妻关系存续期间所得的财产属于夫妻共同财产。夫妻双方对共同财产享有平等的所有权，性质为共同共有。在一方死亡后，双方共有关系失去其基础，应首先将夫妻共同财产的一半分割出去归配偶所有，剩余的财产作为死者个人遗产进行分割。本案系争执行标的物（宅基地一处、北房五间及其地上附着物）为案外人贺某喜与被执行人李某喜婚后取得，其中北房五间及其他地上附着物为二人共同共有；房屋项下宅基为村集体所有，李某喜家庭户包括李某喜、贺某喜、李甲、李乙享有宅基地使用权。在李某喜死亡后，其对房屋及其他附着物的所有权转化为其遗产。根据《最高人民法院关于适用〈中华人民共和国民事诉讼法〉的解释》第四百七十五条规定，作为被执行人的公民死亡，继承人放弃继承的，人民法院可以直接执行被执行人的遗产。司法实践中普遍存在继承人放弃遗产继承的情况。本案案外人贺某喜等作为法定继承人自愿放弃继承的声明，并不存在法律规定的无效情形，应认定其有效。基于此，理论上李某喜对案涉房屋及其他附属物享有的遗产份额可以作为执行标的以偿还申请执行人债务。但由此带来的问题在于，该农村房屋其他权利人的权益如何保障？

根据土地管理法及国家政策规定，农村居民每户只能有一处不超过标准的宅基地，多出的宅基地，要依法收归集体所有。同时禁止城镇居民在农村购置宅基地。农村村民出卖、出租、赠与住宅后，再申请宅基地的，不予批准。因房屋与其项下土地基于物理状态属性而不可分割，按照“房屋所有权主体与土地使用权主体一致”原则，一般而言，农村住宅只能在本集体经济组织内部转让，不得出售给本集体经济组织成员之外的人。因此，对农村住宅进行司法拍卖等变现处置，存在不宜操作、情感伦理等诸多困难因素。故在执行农村住宅时应持有更为审慎的态度并采取灵活的处置方式。本案中，执行法官通过对案涉宅基地及地上房屋、附属建筑物采取查封措施，起到督促继承人（共有权利人、占有人）主张权利救济并对是否接受遗产继承作出处置，及时划定了可供执行的财产范围，客观上达到了双方达成调解的效果，实现了定分止争。由此而言，对农村住宅采取查封等强制措施，仍是督促被执行人及其他义务人履行裁判义务的有效助手。

编写人：山东省高唐县人民法院　李秀红

16

涉房产执行案件中抵押权实现后，租赁合同对受让人是否具有约束力

——某投资公司与某节能科技公司案外人执行异议案

【案件基本信息】

1. 裁判书字号

江苏省宜兴市人民法院（2020）苏0282执异90号执行裁定书

2. 事由：案外人执行异议

3. 当事人

申请执行人：某投资公司

被申请执行人：某玻璃公司、某线缆公司、周某军、张某霞、郭某英

案外人：某节能科技公司

【基本案情】

2017年6月16日，某玻璃公司向某银行宜兴支行（以下简称宜兴支行）借款150万元，某线缆公司对债务提供连带责任保证担保，周某军、张某霞、郭某英对债务提供连带责任保证担保。2017年6月23日，某玻璃公司以其名下坐落于宜兴市杨巷镇某村的土地1宗及房屋3幢与宜兴支行签订《最高额抵押合同》，并于同日办理土地、房屋的抵押登记手续，登记最高债权数额为4653万元。2017年7月12日，某玻璃公司向宜兴支行借款三笔，分别为499万元、999万元、999万元，周某军、张某霞、郭某英为三笔债务提供连带责任保证担保。后因借款偿还发生纠纷，诉至法院。2018年8月10日，宜兴市人民法院对宜兴支行诉某玻璃公司等金融借款合同纠纷一案作出（2018）苏0282

民初 3141 号民事判决，判决某玻璃公司于本判决发生法律效力之日起十日内向宜兴支行偿还本金、期内欠息、逾期利息、复利、律师费等各项损失，且宜兴支行有权以某玻璃公司名下坐落于宜兴市杨巷镇某村的土地、房屋折价或拍卖、变卖所得价款在最高额 4653 万元内优先受偿。

判决生效后，某玻璃公司等未按照判决书履行相应义务。根据某投资公司的申请，宜兴市人民法院于 2020 年 6 月 8 日作出（2019）苏 0282 执 6194 号执行裁定书，裁定：一、拍卖登记在被执行人某玻璃公司名下坐落在宜兴市杨巷镇某村工业集中区厂房和土地及附属设施用于清偿债务。二、责令被执行人某玻璃公司及其他占有使用人在收到本裁定之日起十五日内将以上房产腾空后交付给法院拍卖，逾期本院将依法追究其相应的法律责任，构成犯罪的依法追究刑事责任。

执行过程中，案外人某节能科技公司提出异议称，该公司与某玻璃公司于 2017 年 7 月 4 日签订书面租赁合同，对于宜兴市杨巷镇某村工业集中区厂房系合法承租。租赁期间，该公司征得某玻璃公司同意后在公司东北角搭建了约 350 平方米的风机房及车棚，该机房及车棚应属他公司所有。为维护该公司的合法权益，请求法院带租拍卖某玻璃公司厂房，并确定该公司添附财产权益。

【案件焦点】

涉不动产的执行案件中，抵押人将已抵押的财产出租的，抵押权实现后，该租赁行为对受让人是否具有约束力。

【法院裁判要旨】

江苏省宜兴市人民法院经审理认为：根据《最高人民法院关于适用〈中华人民共和国担保法〉若干问题的解释》第六十六条之规定，抵押人将已抵押的财产出租的，抵押权实现后，租赁合同对受让人不具有约束力。本案某节能科技公司与某玻璃公司签订房产租赁合同时间在某玻璃公司将厂房、土地设定抵押给宜兴支行之后，后宜兴支行将对某玻璃公司的债权及抵押权一并转让给本案申请执行人某投资公司。现申请执行人申请法院拍卖某玻璃公司厂房、土地等整体资产实现抵押权，某节能科技公司的租赁权不得对抗申请执行人，某节能科技公司与某玻璃公司签订的房产租赁合同对受让人不具有约束力。对于异议人主张自行建造的风机房、车棚所有权益，其未提供相应证据加以证明，本院不予采信。综上，某节能科技公司异议请求于法无据，本院不予支持。

江苏省宜兴市人民法院依据《中华人民共和国民事诉讼法》第二百二十七条，《最高人民法院关于人民法院办理执行异议和复议案件若干问题的规定》第八条第一款、第十七条第（一）项之规定，裁定如下：

一、拍卖登记在某玻璃公司名下坐落在宜兴市杨巷镇某村工业集中区厂房、土地等整体资产用于清偿债务［房屋所有权证号分别为10××××××94、10××××××41、10××××××42；土地使用权证号宜国用（2009）第15××××47号］；异议人某节能科技公司的租赁权不得对抗本案申请执行人（抵押权人）某投资公司，对买受人没有约束力；

二、驳回某节能科技公司的其他异议请求。

【法官后语】

《最高人民法院关于适用〈中华人民共和国担保法〉若干问题的解释》第六十六条规定：抵押人将已抵押的财产出租的，抵押权实现后，租赁合同对受让人不具有约束力。抵押人将已抵押的财产出租时，如果抵押人未书面告知承租人该财产已抵押的，抵押人对出租抵押物造成承租人的损失承担赔偿责任；如果抵押人已书面告知承租人该财产已抵押的，抵押权实现造成承租人的损失，由承租人自己承担。

本案为涉及不动产执行的案外人异议案件，争议焦点为抵押后所涉房产的租赁行为对受让人是否具有约束力。本案的关键在于该租赁行为发生在抵押之前还是之后。在本案中某节能科技公司与某玻璃公司签订房产租赁合同时间在某玻璃公司将厂房、土地设定抵押给宜兴支行之后，后宜兴支行将对某玻璃公司的债权及抵押权一并转让给本案申请执行人某投资公司。现申请执行人申请法院拍卖某玻璃公司厂房、土地等整体资产实现抵押权，某节能科技公司的租赁权不得对抗申请执行人，某节能科技公司与某玻璃公司签订的房产租赁合同对受让人不具有约束力。

在执行实务中，法院在拍卖被执行人的不动产时，常常遇到案外承租人以对该不动产享有租赁权为由，主张“买卖不破租赁”的情形。《中华人民共和国民法典》第四百零五条规定，抵押权设立前，抵押财产已经出租并转移占有的，原租赁关系不受该抵押权的影响。可见，法院拍卖不动产时适用附带租约拍卖的条件必须满足：1. 存在合法有效的租赁合同；2. 租赁物已经交付承租人且承租人继续占有租赁物；3. 拍卖时租赁合同尚在租赁期间内；4. 拍卖物若有抵押权，则在抵押权设立前已经签订了合法有效的租赁合同；5. 房屋在出租前尚未被人民法院依法查封的。否则，案外人以承租人身份主张附带租约拍卖即主张“买卖不破租赁”的执行异议之诉将不能得到法院的支持，不仅徒增案外人的讼累及诉讼费用的负担，而且浪费司法资源。

另外，通过本案要警惕被执行人与案外人通谋倒签时间伪造租赁合同以干扰执行拍卖的问题，法院在执行过程中，应着重审查案外人异议内容的真实性，对于以虚假合同等方式试图阻碍、拖延执行的行为和行为人，加大处罚力度，情节严重的以“拒不执行判决、裁定罪”移送公安部门立案侦查，追究其刑事责任。

编写人：江苏省宜兴市人民法院　石代阳

17

明知限购政策仍购买房屋导致无法办理过户登记的，不属于“非因买受人原因未办理过户登记”

——吴某与某银行无锡分行、孙某案外人执行异议案

【案件基本信息】

1. 裁判书字号

江苏省无锡市梁溪区人民法院（2020）苏0213执异53号执行裁定书

2. 事由：案外人执行异议

3. 当事人

案外人：吴某

申请执行人：某银行无锡分行

被执行人：孙某

【基本案情】

某银行无锡分行诉孙某金融借款合同纠纷一案，江苏省无锡市梁溪区人民法院（以下简称梁溪法院）于2019年7月3日立案受理后，根据某银行无锡分行的保全申请，作出（2019）苏0213民初7636号民事裁定：冻结孙某的银行存款15万元或查封、扣押其相应价值的财产。同日，查封了孙某名下位于无锡市惠山区某小区161-××××室的房屋（以下简称案涉房屋）。

2019年8月1日，梁溪法院对该案作出判决：孙某应于本判决发生法律效力之日起十日内向某银行无锡分行返还借款本金15万元；并支付期内欠息1828.81元、逾期罚息、期内欠息之复利。判决生效后，因孙某未及时履行，梁溪法院立案强制执行。在执行过程中，作出（2019）苏0213执5758号执行裁定：拍卖被执行人孙某名下的案涉房屋。

案外人吴某提出异议称，2018年2月25日，其通过房产中介向孙某购买案涉房屋，双方签订《无锡市房屋转让协议》，约定总房款95万元，首期房款50万元，剩余房款待房屋可上市交易后，于2020年3月1日前办理过户手续完毕以银行贷款方式支付。合同签订后，吴某支付给孙某50万元购房款，并对案涉房屋进行装修并入住。现案涉房屋被法院查封，无法办理过户手续。吴某认为其对案涉房屋享有物权期待权，没有办理产证登记是因为过户政策原因导致，不属于其过错导致，请求中止执行并解除对案涉房屋的查封。

某银行无锡分行认为，案涉房屋现登记在孙某名下，法院查封、拍卖并无不当。

另查明，《无锡市不动产（房屋）登记簿证明》载明：案涉房屋权利人为孙某，建筑面积92.76平方米，登记日期为2018年2月1日。无锡市房地产调控领导小组锡房调办［2017］1号《关于贯彻进一步加强市区房地产市场调控工作有关事宜的通知》规定：2017年5月20日24时之后取得不动产权证的住房，自取得不动产权证之日起满2年（法人单位3年）方可转让。

【案件焦点】

案涉房屋未办理过户登记是否系吴某自身原因所致。

【法院裁判要旨】

江苏省无锡市梁溪区人民法院经审理认为：我国不动产物权的设立、变更、转让和消灭，必须经依法登记，才发生效力。吴某购买案涉房屋，未办理房屋所有权登记，故不发生物权效力。案外人依据物权期待权保护原则排除法院强制执行，应同时具备四个条件：（一）在人民法院查封之前已签订合法有效的书面买卖合同；（二）在人民法院查封之前已合法占有该不动产；（三）已支付全部价款，或者已按照合同约定支付部分价款且将剩余价款按照人民法院的要求交付执行；（四）非因买受人自身原因未办理过户登记。本案中，吴某对案涉房屋是否享有足以排除执行的民事权益，关键在于判断未办理过户登记是否出于买受人自身原因。无锡市房地产调控领导小组锡房调办［2017］1号《关于贯彻进一步加强市区房地产市场调控工作有关事宜的通知》规定：2017年5月20日24时之后取得不动产权证的住房，自取得不动产权证之日起满2年（法人单位3年）方可转让。可见吴某购买案涉房屋时，受到政策限制，不能办理交易过户登记。吴某忽视政策限制，依然购买，因此未能办理过户登记归责于买受人自身原因，不受无过错买受人物权期待权保护。案外人吴某排除执行的异议请求，本院不予支持。

江苏省无锡市梁溪区人民法院依照《中华人民共和国物权法》第九条第一款、《中华人民共和国民事诉讼法》第二百二十七条、《最高人民法院关于人民法院办理执行异议和复议案件若干问题的规定》第二十八条之规定，作出如下裁定：

驳回吴某的异议请求。

【法官后语】

一、买受人对登记在被执行人名下不动产享受足以排除强制执行民事权益之规定与内涵

《最高人民法院关于人民法院办理执行异议和复议案件若干问题的规定》第二十八条规定："金钱债权执行中，买受人对登记在被执行人名下的不动产提出异议，符合下列情形且其权利能够排除执行的，人民法院应予支持：（一）在人民法院查封之前已签订合法有效的书面买卖合同；（二）在人民法院查封之前已合法占有该不动产；（三）已支付全部价款，或者已按照合同约定支付部分价款且将剩余价款按照人民法院的要求交付执行；（四）非因买受人自身原因未办理过户登记。"该司法解释规定了一般不动产买受人在何种情形下能够排除基于对出卖人的强制执行程序而对买受人所购不动产的强制执行，解决的是在执行程序中买受人对所买不动产的权利保护与基于金钱执行债权人的权利保护发生冲突时，基于对正当买受人合法权利的特别保护之目的而设置的特殊规则。该规定的立法目的是保护正当买受人的基本居住权，其不仅涵盖了物权性质，更倾向于对人身权（生存权）的基本保护，故而在一定程度上突破了债权平等和合同相对性原则，在司法实践中需要审慎认定。

二、关于"非因买受人自身原因未办理过户登记"之情形与例外情形分析

根据上述规定，买受人若想享有排除法院强制执行的民事权益，就必须同时满足上述四个条件。本案中，吴某与孙某签订了书面买卖合同，支付了购房款并实际占有、使用了案涉房屋，已满足了前述规定的三个条件，问题的关键在于案涉房屋未办理过户登记是否系非因其自身原因所致。司法实务中，大多数执行异议人都符合前三项规定而未办理房屋过户登记，原因多种多样，应根据具体情形进行严格甄别。从实践中看，能够归责于买受人的原因可以分为三个方面。一是对他人权利障碍的忽视。例如，不动产之上设定有其他人的抵押权登记。二是对政策限制的忽视。例如，明知某地限制购房，在不符合条件的情况下仍然购房导致无法办理过户手续。三是消极不行使登记权利。例如，有的交易当事人为了逃税等而故意不办理登记的，不应受到该原则的保护。相反

地，如未过户系因出卖人不协助过户、房屋过户存在客观障碍、房管部门的缘故等，则不能认定系因买受人个人原因导致房屋未过户。此种情况下，法院为了实现其他债权而针对不动产采取执行措施，极易损害在查封之前的已经签订的买卖合同、支付合理对价并且合法占有房屋，而非因买受人自身原因导致房屋未过户的善意买受人。

三、买受人在购房前明知房屋无法办理过户登记而仍然购买的，应认定无法办理过户系其自身原因

如果房屋买受人对房屋所在地的买售和过户政策知道或应当知道，还购买标的房屋导致未能按约过户，应当认定因买受人自身原因未办理过户登记，房屋买受人不得依据上述规定排除对标的房屋的执行。本案即是这种情形。根据无锡当地政策，不动产售卖方需在取得不动产满两年后方可转让并办理过户登记，本案中，吴某在购房前便已知道该政策规定，应当能够预见此次交易存在较大风险，虽然限购政策不影响合同效力，但对房屋过户期限作了诸多限制，在此情况下其仍然购买了该房屋，显然未尽到作为一般购房者的谨慎注意义务。不动产的设立、变更、转让和消灭，经依法登记方发生效力，未经登记，不发生效力。虽然吴某与孙某约定两年后办理过户登记，但这只是双方之间约定的过户期限，无法对抗不动产物权的变动规则，因此，不应认定吴某对涉案房屋未进行过户登记是因客观原因所致，应系其自身购房政策与风险的忽视所致，存有过错。

房屋买卖应注意遵守限购政策，防止遭受不测。如前所述，限购政策虽然不影响房屋买卖合同效力，但直接影响房屋买卖合同的履行。即便房屋买卖合同有效，但基于限购政策也无法办理过户登记。如所购房屋无法办理过户登记，房屋买受人即无法最终取得所有权，即便实际占有房屋也可能面临诸多不测。

编写人：江苏省无锡市梁溪区人民法院　罗扬

18

买受人在订立买卖合同时明知不动产存在瑕疵无法办理过户登记，可以认定为“买受人自身过错”，不能排除执行

——某商贸公司与甲食品公司等案外人执行异议之诉案

【案件基本信息】

1. 裁判书字号

天津市第三中级人民法院（2020）津03民终3451号民事判决书

2. 事由：案外人执行异议之诉

3. 当事人

原告（上诉人）：某商贸公司

被告（被上诉人）：甲食品公司

第三人（被上诉人）：张某良、乙食品公司

【基本案情】

2005年7月至2006年1月，乙食品公司分别取得坐落于大连市某屯镇某村房字第××1号、××2号、××3号、××4号房屋所有权证，该房屋所有权证填发机关为大连市某区村镇建设办公室。对于上述房屋，某商贸公司提交了张某良与大连市某区某屯镇人民政府签订于2005年4月7日签订的《小学校舍转让、土地租赁合同书》，乙食品公司（出让方）、张某良（出让方）、某商贸公司（受让方）于2015年2月15日签订的《房屋转让、土地租赁合同书》，乙食品公司、某商贸公司、张某良于2015年3月2日签订的《土地转租、房屋转让合

同书》，某商贸公司、乙食品公司、张某良于2015年3月6日签订的《交接确认书》。根据某商贸公司提交的专用收款收据记载，乙食品公司于2015年4月16日至17日收到了某商贸公司给付的购房（转租土地）款共计400万元。

某商贸公司提交了辽宁省大连市中级人民法院（2018）辽02民终5359号民事判决书，系乙食品公司与某宠物食品公司返还原物纠纷一案，乙食品公司原一审诉讼请求为：判令某宠物食品公司返还相关房屋，一审法院经审理驳回了乙食品公司诉讼请求，乙食品公司提出上诉，二审判决驳回上诉、维持原判。

2017年4月份，甲食品公司因与乙食品公司、张某良产生相关合同纠纷，诉至法院，法院作出相关民事判决，并进入强制执行程序，在执行程序中，法院对案涉房屋采取了查封措施，某商贸公司提出书面异议，法院经审查后，分别作出（2019）津0116执异40066号、40068号、40070号执行裁定书，均裁定驳回了某商贸公司的异议请求。某商贸公司遂在法定期限内提起案外人执行异议之诉一案，形成本案。

某商贸公司庭审中自述，其与张某良、乙食品公司签订合同前，案涉房屋内部结构已被改造，在未被恢复原状前，无法办理测绘评估等房屋过户前置程序。

【案件焦点】

某商贸公司主张排除法院强制执行程序的诉讼请求能否成立。

【法院裁判要旨】

天津市滨海新区人民法院经审理认为：根据《最高人民法院关于人民法院办理执行异议和复议案件若干问题的规定》（以下简称《执行异议复议规定》）第二十八条“金钱债权执行中，买受人对登记在被执行人名下的不动产提出异议，符合下列情形且其权利能够排除执行的，人民法院应予支持：（一）在人民法院查封之前已签订合法有效的书面买卖合同；（二）在人民法院查封之前已合法占有该不动产；（三）已支付全部价款，或者已按照合同约定支付部分价款且将剩余价款按照人民法院的要求交付执行；（四）非因买受人自身原因未办理过户登记”的规定，乙食品公司如主张成立，应当就上述要件进行举证。根据庭审调查，案涉房屋所有权证填发机关为大连市某区村镇建设办公室，并非房屋登记机关，上述房屋坐落土地性质尚不明确，根据现有证据，不能确认某商贸公司提交的《小学校舍转让、土地租赁合同书》《房屋转让、土地租赁合同书》《土地转租、房屋转让合同书》的合法性。因此，某商贸公司请求排除强制执行措施的主张，不予支持。某商贸公司还请求确认案涉房屋所有权为其所有，亦不予支持。某商贸公司提交的辽宁省大连市中级人民法院（2018）辽02民终5359号民事判决书，经审查，该判决书与本案没有关联性，某商贸公司依此证明其为案涉房屋实际所有权人的主张，不予确认。

天津市滨海新区人民法院依照《最高人民法院关于适用〈中华人民共和国民事诉讼法〉的解释》第三百一十一条、第三百一十二条第一款第二（项）、第二款等规定，判决如下：

驳回某商贸公司的诉讼请求。

某商贸公司不服一审判决，提起上诉。天津市第三中级人民法院经审理认为：二审中，某商贸公司自认案涉房屋未办理过户登记手续的原因是需要把土地性质由集体土地变更为国有土地，及案涉房屋因存在改建扩建，需要重新办理登记手续，某商贸公司自乙食品公司处购买案涉房屋，对无法办理过户登记的情况是明知的。天津市第三中级人民法院经审理同意一审法院裁判意见。

天津市第三中级人民法院依照《中华人民共和国民事诉讼法》第一百六十九条第一款、第一百七十条第一款第（一）项规定，判决如下：

驳回上诉，维持原判。

【法官后语】

《中华人民共和国民法典》第二百零九条规定，不动产物权的设立、变更、转让和消灭，经依法登记，发生效力；未经登记，不发生效力。但是在实践中，往往是先签订不动产买卖合同，后进行过户登记，买受人取得法律意义上的所有权就滞后于债权合意。此时就容易产生对买受人相应的风险。

《执行异议复议规定》第二十八条正是为解决上述风险而设置的规则，立法目的在于解决执行程序中买受人对所买受不动产的权利保护与基于金钱执行债权人的权利保护产生的冲突。该条规定赋予无过错不动产买受人权利以对抗出卖人债权或物权的效力，在执行程序上对不动产受让人进行优先保护，从而达到维护不动产买受人合法权利、交易安全及社会稳定的目的。该条文一共有四个构成要件，缺一不可。就本文探讨的第四个要件“非因买受人自身原因未办理过户登记”。笔者认为，应当从以下三个方面进行理解。

一是买受人在不动产买卖过程中不存在过错。换言之，也就是买受人在买卖过程中尽到了合理的注意义务。例如，买受人在买卖合同签订之前对不动产进行了考察，对是否能够办理过户登记向主管部门进行过咨询等。

二是买受人对不动产未办理过户登记的原因承担举证责任。买受人应当举证证明其就过户登记事宜向不动产出卖人请求行使权利或者存在客观合理理由，如果并未举证证明，则承担不利后果。例如买受人向房屋登记机构递交过户登记材料等积极行为的。

三是买受人自身原因与不动产未办理过户登记存在因果关系。这一点是指买受人未尽到合理注意义务，例如买受人没有注意到不动产之上设定有其他人的抵押权登记，造成不动产不能办理过户登记的客观事实。

本案中，某商贸公司在购买该房屋时，明知房屋坐落的土地性质没有变为国有用地，并且房屋存在私自改扩建的情况，在这个情况下无法办理过户登记，却仍然签订买卖合同并支付对价，虽然其实际占有该不动产，其自身原因与未办理过户事实存在因果关系，法院最终判决驳回了某商贸公司的诉讼请求。

编写人：天津市滨海新区人民法院　张艳辉

天津市北辰区人民法院　周杨

19

案外人基于不动产被查封前订立的租赁合同要求带租拍卖，应属案外人对执行标的提出的异议

——某产业集团诉吴某彪、某钢材公司执行异议之诉案

【案件基本信息】

1. 裁判书字号

江苏省无锡市中级人民法院（2020）苏02民终505号民事裁定书

2. 案由：执行异议之诉

3. 当事人

原告（上诉人、申请执行人）：某产业集团

被告（被上诉人、案外人）：吴某彪

被告（被执行人）：某钢材公司

【基本案情】

某银行无锡分行与肖某香、詹某洋、某钢铁贸易公司、某投资担保公司、某钢材公司金融借款合同纠纷一案，江苏省无锡市惠山区人民法院于2013年10月28日作出（2013）惠商初字第0766号民事判决书。2014年12月30日，某银行无锡分行将上述债权转让给某资产管理公司南京办事处。2015年3月20日，某资产管理公司南京办事处又将上述债权转让给某产业集团。2015年6月3日，某产业集团申请强制执行。

2018年6月4日，江苏省无锡市惠山区人民法院作出（2015）惠执字第01200号之一执行裁定书，裁定对案涉土地使用权及其上商铺、办公用房进行不带租拍卖。案外人吴某彪以其系承租人为由提出执行异议。江苏省无锡市惠

山区人民法院审查后作出（2019）苏0206执异20号执行裁定，撤销上述（2015）惠执字第01200号之一执行裁定书，并裁定对案涉土地使用权及其上商铺、办公用房进行带租拍卖。后某产业集团提起申请执行人执行异议之诉。

【案件焦点】

案外人基于不动产被查封前订立的租赁合同提出要求带租拍卖，是否属于案外人对执行标的提出的异议。

【法院裁判要旨】

江苏省无锡市惠山区人民法院经审理认为：本案当事人所争议的是对拍卖标的物的带租或不带租拍卖方式，是对人民法院执行行为提出的异议，而不是对拍卖标的物的权属等实体权利存在争议。该院亦已作出（2019）苏0206执异20号执行裁定书，裁定：变更为对被执行人某钢材公司名下座落于无锡市惠山区西站物流园洛南大道与洛神路交叉口西南侧土地权证号为锡惠国用［2011］第××号的国有土地使用权及其上商铺、办公用房进行带租拍卖。根据法律规定，当事人对此类执行异议裁定结果不服的，可以依照《中华人民共和国民事诉讼法》第二百二十五条的规定，向上一级人民法院申请复议，而不是提起诉讼。本案中，某产业集团并不具备提起诉讼的权利，其可以在法定期限内向江苏省无锡市中级人民法院提出复议，故对某产业集团公司本案之诉讼请求应予驳回。

江苏省无锡市惠山区人民法院依照《中华人民共和国民事诉讼法》第一百五十四条第（三）项、第二百二十五条、《最高人民法院关于人民法院办理执行异议和复议案件若干问题的规定》第二十一条第（五）项之规定，裁定如下：

驳回原告某产业集团的起诉。

某产业集团不服该裁定，提起上诉。江苏省无锡市中级人民法院经审理认为：对于案外人（承租人）基于不动产或动产被抵押、质押或查封之前与被执行人订立的租赁合同提出执行异议，请求在租赁期内阻止向受让人移交占有被执行人不动产或动产的，适用《中华人民共和国民事诉讼法》第二百二十七条规定进行审查，并就是否停止执行作出裁定。由此引发的执行异议之诉案件，则按照不同的情形进行处理。

本案中，案外人吴某彪系以被执行人某钢材公司不动产承租人身份提出执行异议，认为其已在查封之前与被执行人某钢材公司订立了租赁合同，请求在租赁期内阻止向受让人移交占有被执行人不动产（即带租拍卖），应当适用《中华人民共和国民事诉讼法》第二百二十七条规定进行审查。江苏省无锡市惠山区人民法院对其异议审查后已作出（2019）苏0206执异20号执行裁定书，并告知案外人、当事人如不服该裁定，可分别情形申请依照审判监督程序办理或提起诉讼的救济途径。故某产业集团公司不服该执行裁定提起执行异议之诉符合相关法律规定。江苏省无锡市惠山区人民法院适用法律有误，应予纠正。

江苏省无锡市中级人民法院依照《中华人民共和国民事诉讼法》第一百七十一条、《最高人民法院关于适用〈中华人民共和国民事诉讼法〉的解释》第三百三十二条的规定，裁定如下：

一、撤销江苏省无锡市惠山区人民法院民事裁定；

二、本案指令江苏省无锡市惠山区人民法院审理。

【法官后语】

执行异议和复议程序是民事执行过程中的基本规定之一。虽然“强制执行乃品尝法律胜利之甜美果实”，但为了确保法律之公正公平，执行异议和复议程序对于保护当事人、利害关系人以及案外人的合法权益，保障执行程序的公正具有十分重要的意义。

根据《中华人民共和国民事诉讼法》第二百二十五条及第二百二十七条的规定，执行异议和复议程序又可以分为“执行行为异议”和“案外人异议”。所谓“执行行为异议”是指当事人、利害关系人认为人民法院的执行行为违反法律规定，向执行法院提出的书面异议；所谓“案外人异议”，又称“执行标的异议”，是指执行案件当事人以外的第三人，对执行标的主张阻止执行的实体权利，请求对该标的停止执行而向执行法院提出的实体异议。实践中，对于

“执行行为异议”与“执行标的异议”极其容易混淆，由于“执行行为异议”与“执行标的异议”后续的救济途径完全不同，因此应该严加区分。

本案中，吴某彪要求对案涉不动产进行带租拍卖，实际主张的权利系法院拍卖的不动产上的租赁权利，本案争议的焦点实质上是对该案应适用“执行异议程序”还是“执行复议程序”，因为适用的程序不同，最终导致的救济途径也完全不同。

吴某彪提出的系“租赁权利”，租赁权，根据之前的《中华人民共和国合同法》及现行的《中华人民共和国民法典》的规定，均突破了合同的相对性，规定了买卖不破租赁的制度，理论上也称之为租赁权的物权化，也就是说吴某彪提出的实际上是一个具有准物权性质的权利，指向的对象系法院拍卖的不动产，并依附于该不动产，这就符合了“执行标的异议”的主体和客体要求。

吴某彪并非对法院拍卖被执行人不动产的行为存有异议，他没有阻却法院的拍卖行为，只是希望法院在拍卖后能够依据“买卖不破租赁”原则保障其租赁权利，即请求在租赁期内阻止向受让人移交占有被执行人不动产。《中华人民共和国民事诉讼法》第二百二十七条明确规定的适用条件是“案外人对执行标的提出书面异议的”，本案中，虽然形式上看来，案外人针对的是对法院裁定“不带租拍卖”这一行为提出异议，但其事实上是主张对执行标的享有租赁权这一可以阻却执行的实体权利，而并非针对拍卖这一执行行为。因此，案外人主张不动产租赁权的异议属于一个典型的“执行标的异议”，江苏省无锡市中级人民法院发回重审有理有据，符合法律规定。

编写人：江苏省无锡市惠山区人民法院　荆佩

20

不动产添附物的所有权归属认定原则

——庞某水与邵某明等执行异议案

【案件基本信息】

1. 裁判书字号

浙江省台州市天台县人民法院（2020）浙 1023 民再 7 号民事判决书

2. 事由：执行异议纠纷

3. 当事人

原告：庞某水

被告：庞某梅

原审第三人：邵某明、某滤网有限公司

再审第三人：某滤网厂

【基本案情】

某滤网厂系邵某明投资的个人独资企业，其在天台县平桥镇友谊东路×号建有 11 间一层平房。2004 年 3 月 20 日，天台县建设规划局颁发给某滤网厂建设工程规划许可证，准许其在上述地址建设 2937 平方米的房屋，局部五层。2006 年 4 月 25 日，天台县人民政府向某滤网厂颁发天台国用（2006）第 5078 号国有土地使用权证。2007 年 2 月 23 日庞某水与某滤网厂签订房产出让合同，出让价款共计 43 万元。2008 年，庞某水对购买的两间平房加建至五层半楼房。2009 年 3 月 19 日，庞某水以某滤网厂名义支付了违法建设罚款 11616 元（五层半部分）。2014 年 10 月 27 日，天台县人民政府颁发给某滤网厂天台国用（2014）第 03444 号国有土地使用权证，载明的内容同天台国用（2006）第 5078 号国有土地使用权证。包括出让给庞某水在内的11间房屋一直未办理房屋所有权证。

庞某梅诉某滤网有限公司、邵某明买卖合同纠纷一案，浙江省台州市天台县人民法院（2017）浙1023民初字第2520号民事调解书确认，由某滤网有限公司、邵某明在2017年12月31日之前支付庞某梅货款2075000元并支付利息和诉讼费。因未履行调解书确认的义务，庞某梅向法院申请执行，法院作出执行裁定书，裁定查封坐落于天台县平桥镇友谊东路×号的房产，并再作出执行裁定书，裁定拍卖该房产。庞某水提出执行异议，经听证后法院作出执行裁定书，裁定驳回异议人庞某水的异议。庞某水不服该执行裁定又向提起案外人执行异议之诉，法院作出民事判决，驳回庞某水的诉讼请求。判决生效后，法院于2019年12月3日对位于天台县平桥镇友谊东路×号房地产（包括案涉房屋）进行公开拍卖。

2020年7月13日，经天台县人民法院审判委员会讨论决定，对庞某水与庞某梅、邵某明、某滤网有限公司案外人执行异议之诉一案作出（2020）浙1023民监9号民事裁定，再审以（2020）浙1023民再7号判决撤销（2018）浙1023民初4445号民事判决。

【案件焦点】

1. 能否确认庞某水为案涉房屋所有权人；2. 庞某水对案涉房屋是否享有足以排除强制执行的民事权益。

【法院裁判要旨】

浙江省台州市天台县人民法院经再审审理认为：一、关于庞某水能否确认为案涉房屋所有权人问题。案涉房屋的房屋所有权虽未登记，但土地使用权登记在某滤网厂名下。其土地用途明确为工业用地，而庞某水在向某滤网厂购买了两间一层平房后又出资加建至五层半楼房并转为商住用房，属于改变了土地用途，且该改变未经行政部门批准，故案涉房产出让合同因违反强制性规定而应认定无效。无效的合同自始没有法律约束力，且双方因该合同取得的财产应当相互返还。本案中，因案涉房屋出让合同无效，某滤网厂应返还庞某水购房款43万元。房产出让合同约定出让一层平房，当然及于该一层平房建筑范围内的土地使用权，故庞某水应返还某滤网厂案涉房屋中一层及建筑范围内的土地使用权。案涉房屋二层至五层半楼房部分系庞某水自己出资建造并一直居住使用，相关罚款也是庞某水支付，故案涉房屋二层至五层半楼房部分系庞某水购房后所添附，不属于相互返还的范围，应属于庞某水所有。二、关于庞某水对案涉房屋是否享有足以排除强制执行的民事权益问题。因案涉房屋的一层及建筑范围内的土地使用权属于某滤网厂所有，某滤网厂又系邵某明投资的个人独资企业，在邵某明没有履行生效法律文书确认的义务时，本院依法可以执行其个人投资的独资企业的财产，因此，庞某水关于停止对案涉房屋强制执行的请求不能成立，本院不予支持。

浙江省台州市天台县人民法院依照《中华人民共和国民事诉讼法》第二百零七条，《最高人民法院关于适用〈中华人民共和国民事诉讼法〉的解释》第三百一十二条、第四百零七条第二款之规定，作出如下判决：

一、撤销本院（2018）浙1023民初4445号民事判决；

二、驳回庞某水要求停止对坐落于天台县平桥镇友谊东路×号西数第六间、第七间两间五层半房产的执行诉讼请求；

三、坐落于天台县平桥镇友谊东路×号西数第六间、第七间两间五层半房产的一层及建筑范围内土地使用权拍卖所得的相应价款属于某滤网厂所有（由某滤网厂返还庞某水已支付的购房款人民币43万元），二层至五层半楼房部分拍卖所得的相应价款属于庞某水所有。

【法官后语】

本案的主要争议焦点为添附物的所有权归属问题，为此就本案所涉添附物归属问题有两种观点：

第一种观点：出让合同因违反强制性规定而依法被认定无效，行为人对依据该合同取得的财产进行添附形成的物，应归属于原所有权人，添附人可以在确定合同无效后向所有权人追偿。

第二种观点：出让合同虽被确认为无效合同，但行为人依据该合同取得相应财产后进行的添附，依法产生物权效力，该添附物应归属于添附人，不属于合同无效后相互返还的范围。

产生上述分歧主要是对不动产与不动产之间的添附所产生的法律后果认识不同。现行情况下，对动产与不动产之间的附和及动产与动产之间的附和所产生的法律后果一般无争议，但不同所有人之间的不动产是否能发生附和？不动产之间发生附和后的所有权归属如何？笔者认为，不同所有人之间的不动产与不动产可以发生附和，且在添附产生的不动产与原不动产可以进行区分的情况下，添附的不动产应属于添附人所有。具体理由如下：

一、不动产之间发生附和后添附物归属添附人的法律基础

《中华人民共和国民法典》第三百二十二条规定，因加工、附和、混合而产生的物的归属，有约定的，按照约定；没有约定或者约定不明确的，依照法律规定；法律没有规定的，按照充分发挥物的效用以及保护无过错当事人的原则确定。笔者认为，不动产与不动产之间的附和，因添附物与原物性质相同，当两者发生附和时，应当依据《中华人民共和国民法典》的规定及添附制度的目的，结合不动产的性质、价值，运用充分发挥物的效用及保护无过错当事人的原则予以认定。具体至本案，笔者认为，添附物应归原审原告庞某水，理由如下：

1. 本案添附行为构成原始取得。添附作为所有权取得的重要方式，属于原始取得的范畴。从增进社会财富、充分发挥物的效用的原则出发，应承认添附可以引起物权的变动。具体到本案，案涉房屋二层至五层半由庞某水出资建造，并由其一直居住使用，该添附所形成的添附物即使可以恢复原状，对庞某水及庞某梅所造成的损失也是巨大的。因而，从充分发挥物的效用原则出发，应当确认庞某水通过原始取得的方式获取了案涉添附物的所有权。

2. 不动产原物与添附物可区分。本案中，案涉房屋虽为一个整体，但其一层及建筑范围内的土地与二层至五层半楼房部分是可以区分的，且在原审判决生效后已进行分别评估，具备将添附物归属添附人所有的基础。

3. 符合保护无过错方原则。案涉房产出让合同虽因违反强制性规定被认定无效，但案涉房屋加盖的二层至五层半系庞某水自己出资建造并一直居住使用，相应的罚款也由庞某水支付，且庞某水与邵某明对双方之间的房产出让行为均

予以认可，双方亦按约履行了合同义务，庞某水不存在过错。再审判决关于案涉房屋二层至五层半楼房部分系庞某水购房后所添附，应属于庞某水所有的认定，是保护无过错当事人原则的具体体现。

二、不动产之间发生附和后添附物归属添附人的现实基础

司法裁判应对现实需求进行回应，认定不动产之间发生附和后添附物归属添附人符合公平原则。如上文所述，在司法实务中，对于不动产之间的附和尚有争议，如不认可不动产之间可以产生附和，或者简单地认为不动产附和产生的添附物属于原不动产所有人，有悖于公平原则。本案中，庞某水为案涉添附物付出巨大财物，且在建成后一直实际使用居住，如不能确认庞某水对添附物享有所有权，将有违公平原则。故在具体司法裁判中，我们应公平合理分配责任，平衡各方利益。

编写人：浙江省台州市天台县人民法院　王晓娇　王定飞

21

执行异议审查中案外人居住权的认定

——某银行镜湖支行与柳某芳等案外人执行异议案

【案件基本信息】

1. 裁判书字号

浙江省绍兴市越城区人民法院（2020）浙0602执异24号执行裁定书

2. 事由：案外人执行异议

3. 当事人

案外人：柳某芳、陈某珍

申请执行人：某银行镜湖支行

被执行人：某公司、包某

【基本案情】

案外人柳某芳、陈某珍系第三人柳某才父母，柳某才与被执行人包某于1999年4月21日登记结婚，于2012年5月23日协议离婚，离婚协议约定作为夫妻共同财产的两处住房分割如下：1. 住房A登记在男方名下，离婚后，该房屋所有权归男方，产权无需更改，该套房屋继承权归女儿柳某怡所有（包括附房），女方可以居住到男方的A套住房里，拥有一间单独的卧室居住，其他公用，女方可以自由出入，居住期间男方不得赶女方出住处。2. 住房B即本案所涉的坐落在绍兴市越城区灵芝大树江小区北区×幢×室房产（以下简称涉案房产，经查该房产原系柳某才户拆迁安置所得），登记在男方名下，离婚后，该套房屋所有权归女方所有，双方相互配合办理产权变更登记手续，继承权归女儿柳某怡所有，女方同意此房给男方父母居住到有生之年（包括附房）。2013年10月23日，涉案房产登记于包某名下。2018年1月22日，包某作为借款人，某银行镜湖支行作为贷款人，签订了《个人循环借款合同》及对应的《最高额抵押合同》，并于同日办理了关于涉案房产的最高额抵押登记手续。此后，因包某未按约还款，某银行镜湖支行向本院提起诉讼。本院受理后诉讼保全轮候查封了涉案房产。2019年8月2日，本院作出（2019）浙0602民初4618号民事判决书，判令被告包某归还原告某银行镜湖支行借款本金40万元及相应利息，于本判决生效之日起三十日内履行；原告某银行镜湖支行就其享有的上述第一项债权，对涉案房产经折价或拍卖、变卖所得价款在711900元本金及相应利息、罚息范围内享有优先受偿权；被告某公司对被告包某的上述第一项债务承担连带清偿责任。该判决生效后，因被告未自觉履行，根据原告申请，本院于2020年1月17日立案执行。执行中，本院于2020年3月11日作出（2020）浙0602执425号申报公告。该公告在涉案房产处张贴后，案外人向本院提出执行异议，要求在执行中保障案外人对涉案房产的居住权，遂致本案争议发生。

【案件焦点】

案外人柳某芳、陈某珍基于被执行人包某与第三人柳某才离婚协议中关于涉案房产居住权的约定能否足以请求法院在执行涉案房产时保障其居住权。

【法院裁判要旨】

浙江省绍兴市越城区人民法院经审理认为：本案中，被执行人至今尚未清偿生效法律文书确定的义务，本院依法可以处置本案抵押物即登记于被执行人包某名下的涉案房产以清偿债务。本案经审查查明，涉案房产系柳某才户拆迁安置所得，被执行人包某取得涉案房产单独所有权来源于其与柳某才之间签订的《离婚协议》，而该离婚协议中明确约定“女方同意此房给男方父母居住到有生之年”。被执行人包某理应遵守。因上述离婚协议签订于作为本案执行依据的（2019）浙0602民初4618号民事判决书所涉债务发生及涉案房产办理抵押登记、被法院查封之前，故本院在处置涉案房产时对案外人的合法居住权亦应予以保护。综上，为保护当事人合法权益，尊重老有所养、老有所居的社会公德，结合本案实际，对案外人的执行异议请求，本院予以支持。综上，依据《中华人民共和国民事诉讼法》第二百二十七条，作出如下裁定：

本院在执行坐落于绍兴市越城区灵芝街道大树江小区北区×幢×室房地产过程中应保障案外人柳某芳、陈某珍合法居住该房产至百年的权益。

如不服本裁定，可以自本裁定送达之日起十五日内向本院提起诉讼。

【法官后语】

本案系执行异议审查案件。出于“审执分离”的原则要求和对案外人实体权利的程序保障，《中华人民共和国民事诉讼法》以第二百二十五条、第二百二十七条规定分别建立了案外人实体异议和执行行为异议两类不同性质的异议，并适用不同的程序。本案中，异议人系基于居住权对作为执行标的的涉案房产提出执行异议。对于此类执行异议如何审查，在程序上和实体上，《中华人民共和国民事诉讼法》及《最高人民法院关于人民法院办理执行异议和复议案件若干问题的规定》均无明确规定。对此，本案合议庭认为，首先，从程序上，本案中案外人提出的居住权异议所指向的对象为作为案件执行标的的涉案房产；其权利性质是一种在涉案房产上设定的类似于租赁权的实体性权利负担；其提出执行异议的目的是阻止在其有生之年向受让人移交占有被执行人的不动产。故本案应适用《中华人民共和国民事诉讼法》第二百二十七条所规定的案外人异议程序予以审查。其次，从实体上，参照《最高人民法院关于人民法院办理执行异议和复议案件若干问题的规定》关于租赁权的相关规定，本案可结合以下四项标准来判断案外人所主张的居住权异议能否成立：一是该项权利的真实性、合法性，是否存在案外人与被执行人恶意串通以规避执行的嫌疑。二是该项权利取得的时间，即案外人取得该权利是否是在执行标的被法院查封之前。三是该权利的行使状态，案外人是否在执行标的被法院查封之前即已行使居住权并持续至今。四是法律对权利保护的价值判断。从权利外观上，在《中华人民共和国民法典》出台之前，法律并未设立居住权登记制度。因此，如申请执行人本身系执行标的的善意买受人或抵押权人，则其基于物权公示公信制度对执行标的所享有的权利，在执行中应予以优先保护。但如申请执行人仅仅是普通的金钱债权人，其与居住权人相比和执行标的的关联程度及支配关系明显要弱，如果将其债权优先于居住权予以保护既缺乏合理的基础，也不符合保障居者有其屋的社会公序良俗。正是基于上述标准，综合考虑本案事实，合议庭最终裁定案外人对执行标的所提出的居住权异议成立。

编写人：浙江省绍兴市越城区人民法院　张剑

22

无过错不动产买受人物权期待权排除金钱债权执行

——马某俭诉韩某伟、某房地产开发公司案外人执行异议之诉案

【案件基本信息】

1. 裁判书字号

青海省高级人民法院（2020）青民终86号民事判决书

2. 案由：案外人执行异议之诉

3. 当事人

原告（执行案外人、上诉人）：马某俭

被告（申请执行人、被上诉人）：韩某伟

被告（被执行人、被上诉人）：某房地产开发公司

【基本案情】

韩某伟与某房地产开发公司借款合同纠纷一案，青海省西宁市中级人民法院（以下简称西宁中院）受理后，因韩某伟申请诉讼财产保全，该院于2015年9月30日查封了某房地产开发公司名下40套房产。该案经审理后，判决某房地产开发公司向韩某伟偿还借款本息共计1560万元。判决生效后，因某房地产开发公司未按期履行义务，韩某伟向西宁中院申请强制执行，西宁中院于2019年4月29日作出执行裁定，拍卖案涉被查封房产。案外人马某俭得知拍卖公告后，对其中的1221室房屋提出执行异议，西宁中院经审查后认为，马某俭虽与某房地产开发公司签订了房屋认购书，亦按照认购书现金支付全部价款，但该认购书明确等某房地产开发公司通知时双方再签订商品房买卖合同，该未竣工验收的不动产现仍未交付使用，马某俭的权利足以排除执行，裁定驳回了案外人马某俭的异议请求。

另查明，2013年11月1日，某房地产开发公司与马某俭签订《房屋认购书》，约定：马某俭自愿订购某小区7号楼1号楼22层2201室房屋（现房号为1221室），房屋总价为773122元。马某俭于签订此认购书时，向某房地产开发公司支付房款773122元（以实际收款收据为准）。马某俭签订该认购书后，等某房地产开发公司通知签订出售合同，同时支付首期款，如在通知后逾期7天到15天不来签订出售合同的，某房地产开发公司不再保留其认购房号。双方约定马某俭的付款方式为一次性付款。马某俭于签约当日付清房款，某房地产开发公司开具收据。马某俭与某房地产开发公司签订《房屋认购书》并付清房款后，双方并未签订正式的商品房预售合同或商品房买卖合同，亦未办理房屋产权变更登记手续。

再查明，案涉房屋于2011年9月30日取得商品房预售许可证。某房地产开发公司将案涉房屋钥匙于2015年7月17日交付马某俭。马某俭未入住案涉1221室房屋，房屋内水电暖均未开通。

经西宁中院向西宁市不动产登记服务中心核实，位于西宁市城东区×路26号1号楼1单元1085室面积为177.65平方米的住宅登记于马某俭名下，房屋所有权证颁发日期为2015年10月27日。

【案件焦点】

1. 马某俭对讼争房屋是否享有受法律保护的实体权利；2. 该权利是否能够排除强制执行。

【法院裁判要旨】

青海省西宁市中级人民法院经审理认为，本案情形应参照《最高人民法院关于人民法院办理执行异议和复议案件若干问题的规定》（以下简称《执行异议和复议规定》）第二十九条审查马某俭作为商品房消费者是否享有物权期待权，是否足以排除强制执行。1. 在人民法院查封之前马某俭与某房地产开发公司签订《房屋认购书》。认购书对于房屋交付标准、交付时间、违约责任等主要内容并未明确，不具备商品房买卖合同的基本要素，系为将来订立正式商品房买卖合同而签订的预约合同。2. 马某俭名下尚有其他用于居住的房屋。3. 马某俭付清房屋全款。综上，马某俭的情形不符合《执行异议和复议规定》第二十九条第一款、第二款的规定，其不享有对案涉房屋的物权期待权，亦不享有足以排除强制执行的民事权益。

判决：驳回马某俭的诉讼请求。

马某俭不服一审判决，提出上诉。

青海省高级人民法院经审理认为，《执行异议和复议规定》第二十八条和第二十九条是选择适用的关系，马某俭在不符合第二十九条规定的情形时，可适用第二十八条之规定。第一，马某俭签订合同的时间是在人民法院查封之前。某房地产开发公司于2011年9月30日取得《商品房预售许可证》，于2013年

11 月 1 日与马某俭签订《房屋认购书》，该认购书有效。《房屋认购书》明确了双方当事人的名称、商品房的位置、具体房号、面积、单价、总价、付款方式，且某房地产开发公司已按约定收受了全部购房款，并将房屋交付马某俭，双方买卖合同已实际履行，该《房屋认购书》应认定为商品房买卖合同。第二，马某俭已于 2015 年 7 月 17 日领取案涉房屋钥匙，应认定马某俭在人民法院查封之前已合法占有案涉房屋。第三，马某俭已支付全部价款。第四，案涉房屋尚未办理竣工验收手续，客观上不具备办理产权过户登记的条件。马某俭对案涉房屋未办理过户登记手续并无过错。综上，判决：

一、撤销青海省西宁市中级人民法院（2019）青 01 民初 450 号民事判决；

二、不得执行位于西宁市城东区某小区 7 号楼 1 单元 1221 室房产（房屋认购书为康南路某小区 7 号楼 1 单元 2201 室），并解除保全措施。

【法官后语】

近年来，案外人执行异议之诉案件呈上升趋势，且该类型案件由于涉众，如果处理不当容易引起群体性纠纷，故正确适用法律显得尤为重要。本案一审法院适用法律错误，二审法院进行全面改判，保护了无过错买受人物权期待权。关于对金钱债权的执行，《执行异议和复议规定》第二十八条和第二十九条分别作出了具体规定。第二十八条规定："金钱债权执行中，买受人对登记在被执行人名下的不动产提出异议，符合下列情形且其权利能够排除执行的，人民法院应予支持：（一）在人民法院查封之前已签订合法有效的书面买卖合同；（二）在人民法院查封之前已合法占有该不动产；（三）已支付全部价款，或者已按照合同约定支付部分价款且将剩余价款按照人民法院的要求交付执行；（四）非因买受人自身原因未办理过户登记。"第二十九条规定："金钱债权执行中，买受人对登记在被执行的房地产开发企业名下的商品房提出异议，符合下列情形且其权利能够排除执行的，人民法院应予支持：（一）在人民法院查封之前已签订合法有效的书面买卖合同；（二）所购商品房系用于居住且买受人名下无其他用于居住的房屋；（三）已支付的价款超过合同约定总价款的百分之五十。"比较上述两条规定：从条文主旨来看，第二十八条是对无过错不动产买受人物权期待权的保护，适用于买受人对登记在被执行人名下的不动产提出异议的情形，系普适性的条款，对于所有类型的被执行人及不动产均可适用；而第二十九条是对商品房消费者物权期待权的保护，适用于买受人对登记在被执行的房地产开发企业名下的商品房提出异议的情形，是专门针对房地产开发企业的被执行人所开发的商品房而规定的特别条款。从立法精神及意图来看，第二十九条强调对民生权利即生存权、居住权的保护，故着眼点在于所购商品房系用于居住且买受人名下无其他用于居住的房屋，该条既不要求买受人主观上无过错，也不要求支付全部价款，更不要求占有房屋，总体上比较宽泛。上述两条文虽然适用于不同的情形，但是如果被执行人为房地产开发企业，且被执行的不动产为登记于其名下的商品房，则同时符合了登记在被执行人名下的不动产与登记在被执行的房地产开发企业名下的商品房两种情形，对于法律的适用，不应因有特别规定的保护，而排斥一般保护。即只要符合其中一条的规定，买受人即享有足以排除强制执行的民事权益。

法院在审理案外人执行异议之诉时，需要对各种权利的顺位、优先性进行比较。第二十九条对商品房消费者物权期待权的保护，是对生存权的保护，生存权在法的价值位阶中处于最高位阶，其应优先于所有的权利受到保护；其次，建设工程价款优先受偿权系法定优先权，优先于无过错不动产买受人物权期待权受保护；而无过错不动产买受人物权期待权，将来会过渡为物权，在与申请执行人实现一般金钱债权发生冲突时，应优先保护无过错不动产买受人的保护物权期待权。

编写人：青海省高级人民法院　商海英

23

案外人异议程序中承租权的认定

——王某生与案外人执行异议案

【案件基本信息】

1. 裁判书字号

北京市第一中级人民法院（2020）京 01 执异 375 号执行裁定书

2. 事由：案外人执行异议

3. 当事人

案外人：王某生

申请执行人：某银行宣武支行

被执行人：甲房地产公司、乙房地产公司、韩某龙

【基本案情】

北京市第一中级人民法院在执行某银行宣武支行与甲房地产公司、乙房地产公司、韩某龙借款合同纠纷一案过程中，查封了北京市朝阳区北小营安慧东里×号院××号房屋（以下简称××号房屋），王某生以其为上述房屋承租人为由向法院提出书面异议。王某生请求确认其对××号房屋享有租赁权及优先购买权，并请求确认对××号房屋内的装饰装修及设备设施财产享有所有权，并停止执行。王某生认为自 2012 年起至今其一直占有使用××号房屋，且在其入住时该房屋是毛坯房，不具备居住使用条件，王某生先后对该房屋进行精装修，该房屋是王某生家庭自住用房，作为××号房屋承租人，王某生自 2012 年占有使用该房屋至今，依法享有承租使用权，如对××号房屋执行拍卖，王某生依法享有优先购买权。

某银行宣武支行与甲房地产公司、乙房地产公司、韩某龙借款合同纠纷一

案，北京市第一中级人民法院于2004年9月作出（2004）一中民初字第8393号民事判决书，判决如下：

一、甲房地产公司于本判决生效后十日内返还某银行宣武支行借款本金人民币2501万元及利息；

二、被告甲房地产公司以抵押合同约定的抵押物折价或变卖后的价款，对上述债务承担担保责任，并优先清偿不能偿还本金部分之利息；

三、如被告甲房地产公司以上述抵押物折价并清偿后仍然未能还清本判决第一项之债务，则被告乙房地产公司及被告韩某龙对该不能清偿之债务承担连带清偿责任，清偿责任范围限额人民币1000万元。

后韩某龙不服上述判决，上诉至北京市高级人民法院，该院于2005年1月25日作出（2004）高民终字第1552号民事判决书，判决驳回上诉，维持原判。因甲房地产公司、乙房地产公司、韩某龙未履行生效判决书确定的义务，某银行宣武支行向法院申请强制执行，法院于2005年2月5日立案执行。

2020年11月12日，北京市第一中级人民法院作出（2005）一中执字第646号公告，主要内容为：法院作出的（2004）一中民初字第8393号民事判决书已经发生法律效力。法院于2007年6月22日正式查封被执行人甲房地产公司名下××号房屋。非经法院同意，任何人不得对上述被查封的财产转移、隐匿、损毁、变卖、抵押、典当、赠送、出租等，如对上述财产主张权利，应当在本公告公布之日起十日内书面向法院立案庭提起案外人异议。

【案件焦点】

王某生提供照片、装修费等证据材料能否证明其对涉案××号房屋享有租赁权，如享有租赁权能否排除法院强制执行。

【法院裁判要旨】

北京市第一中级人民法院经审理认为：《最高人民法院关于人民法院办理执行异议和复议案件若干问题的规定》第三十一条第一款规定："承租人请求在租赁期内阻止向受让人移交占有被执行的不动产，在人民法院查封之前已签订合法有效的书面租赁合同并占有使用该不动产的，人民法院应予支持。”本案中，××号房屋登记在被执行人甲房地产公司名下，因甲房地产公司未履行生效判决书确定的义务，法院对其名下的房产采取强制措施合法有据。案外人王某生提供照片、装修费用明细等证据要求确认其为××号房屋的承租人，停止对××号房屋执行的异议请求，证据不足，法院不予支持。因本案尚未对××号房屋进行评估拍卖，王某生所提评估拍卖中将其对××号房屋的添附物予以区分等异议请求，法院不予审查。

北京市第一中级人民法院依据《中华人民共和国民事诉讼法》第二百二十七条、《最高人民法院关于人民法院办理执行异议和复议案件若干问题的规定》第二十五条第一款第（一）项之规定，裁定如下：

驳回案外人王某生提出的异议请求。

【法官后语】

《最高人民法院关于人民法院办理执行异议和复议案件若干问题的规定》第三十一条第一款规定：“承租人请求在租赁期内阻止向受让人移交占有被执行的不动产，在人民法院查封之前已签订合法有效的书面租赁合同并占有使用该不动产的，人民法院应予支持。”可见，只有承租人基于租赁权所提异议，才属于案外人异议，应按照《中华人民共和国民事诉讼法》第二百三十四条进行审理。承租人基于承租法律关系所提案外人异议的权利基础主要有二：租赁权以及租赁权派生权利—优先购买权，即“买卖不破租赁”“承租人享有优先购买权”。

分析上述法律规定，审理此类案件主要存在三项审理要点：(1) 时间要件：案外人与案件被执行人签订书面租赁合同必须在法院查封之前，如果执行标的物上存在租赁权，则法院在拍卖执行标的时要对标的物的权利负担情况进行公示，拍卖财产上的租赁权以及其他用益物权不因拍卖而消灭，该项权利会继续存在于拍卖财产上。带租拍卖会影响执行标的物的竞拍价格，进而会对申请执行人债权的实现产生影响。因此，案外人与被执行人之间签订的租赁合同必须在法院查封前，如不满足，为避免案外人与被执行人恶意逃避执行，应直接驳回案外人所提异议，而无需再对租赁合同合法性进行审查。(2) 合法性要件：案外人与被执行人签订的书面合同需合法有效。一般而言案外人与被执行人根据《中华人民共和国城市房地产管理法》第五十四条以及相关法律规定到房地产管理部门办理了租赁登记备案手续的租赁合同具有对外公示效力，其签订时间不存在倒签的可能性，可认定为合法有效的租赁合同。但对于没有履行备案手续的租赁合同，需结合当事人提交的交付租金、交付物业费、水电煤气费用凭证等证据材料进一步分析租赁合同的合法性、真实性以及有效性。对于当事人仅能提供租赁合同、租金收据的情况，应慎重认定，避免存在租赁合同倒签，案外人与被执行人伪造虚假租赁关系，逃避法院强制执行的情形。(3) 权利外观要件：执行标的物需在法院查封前就已移交承租人占有使用。执行过程在审查案外人异议案件中，权利外观主义是法官的权属判断重要标准之一。租赁权的设立是基于债权性基础关系即租赁合同，占有是判断租赁权是否客观真实的重要权利外观要件。因此，此类案件要求承租人必须在法院查封前就已实际占有使用涉案房屋。但要注意，如果租赁合同未经公示，占有人仅仅依据占有的实施主张租赁权则不能对抗申请执行人的强制执行申请。

另外，执行程序中审查案外人异议，应秉持执行效率至上的价值取向，执行程序以快速、及时地实现生效法律文书内容为目标，而审判程序以追求实体公正为目标，案外人异议审查程序过于烦琐不仅侵蚀民事执行的效率，也与审执分离的基本宗旨不符。因此对于租赁合同是否合法有效以及租赁关系是否真实存在等实体问题，应以形式审查并作出形式判断为原则。

值得注意的是，为降低此类案件审查难度，法院在今后普法工作中要积极倡导对租赁合同进行备案，同时执行实施也要严格落实现场查封制度，严厉打击虚假租赁，对于通过虚假租赁对抗法院执行的行为，一经查实，对相关责任人员进行拘留、罚款，对于符合拒不履行判决、裁定罪的相关责任人员，要依法追究其刑事责任。

编写人：北京市第一中级人民法院　赵翔

24

房屋未经竣工验收并非阻却一般物权期待权中“合法占有”的要素

——许某尹与某银行学田支行等案外人执行异议案

【案件基本信息】

1. 裁判书字号

江苏省南通市崇川区人民法院（2020）苏0602执异79号执行裁定书

2. 事由：案外人执行异议

3. 当事人

案外人：许某尹

申请执行人：某银行学田支行

被执行人：某房地产开发公司、陆某明、陆某

【基本案情】

2017年2月22日，江苏省南通市崇川区人民法院根据申请执行人某银行学田支行申请，立案强制执行，案号为（2017）苏0602执617号，并于2017年5月8日作出（2017）苏0602执617号执行裁定：冻结、扣划被执行人某房地产开发公司、陆某明、陆某银行存款2772691.67元及迟延履行期间的债务利息（利息以实际结算为准），或查封、扣押、提取其相应价值的其他财产。2019年2月27日，法院查封某房地产开发公司名下的综合楼109、110室时，显示该商品房已办理合同预售备案，预购人为许某尹。2019年10月25日，该院对上述查封不动产作出执行裁定，进行拍卖。

2018年2月9日，许某尹作为买受人与某房地产开发公司作为出卖人签订

《商品房买卖合同（预售）》，由许某尹购买某房地产开发公司南通市某大厦综合楼第一层109、110室商品房房产，各96万元，合计总价款192万元。同日，某房地产开发公司（甲方）与许某尹（乙方）签订《认购协议书》，约定乙方认购甲方的综合楼第一层109、110室房产，购房款总价204万元。甲方已收到乙方两套车库款10万元整，收到乙方支付的109、110室认购款194万元，当日办妥向市房管局产权交易中心申请办理撤销原顾某娟购房的网签备案手续，并将上述房屋网签备案到购房人名下。购房款一次性支付至甲方指定收款人张某峰账户内。

2018年2月9日，许某尹将购房款204万元支付至上述某房地产开发公司指定张某峰账户内。某房地产开发公司出具情况说明及收据确认收到许某尹所付204万元109、110室购房款的事实。2019年1月6日，某房地产开发公司（甲方）与许某尹（乙方）就109、110室形成《房屋交接单》一份，确认甲方将该房屋交付乙方，乙方确认接受房屋及其现有瑕疵；甲方承诺自即日起承担对房屋质量的保修责任；甲方确认乙方应付的购房款已经全额付清。甲方承诺在具备相应条件时为乙方办妥产权过户登记手续。

另查明，某大厦工程已经通过单位工程竣工验收及消防验收，未通过综合验收。

【案件焦点】

买受人现实占有未经竣工验收的房屋能否构成合法占有。

【法院裁判要旨】

江苏省南通市崇川区人民法院经审理认为：案外人许某尹与某房地产开发公司在该院查封之前签订了《商品房买卖合同（预售）》且经网上备案，并足额支付了价款，虽未办理过户登记，但系某房地产开发公司未经综合验收所致，与买受人自身无关。对于是否符合合法占有条件，法院认为，首先，某房地产开发公司已经向许某尹出具了房屋交接确认书确认某房地产开发公司交付房屋的事实，说明许某尹对于争议房屋已经具有实际的管理和支配的权利。其次，虽然《中华人民共和国建筑法》第六十一条规定，建筑工程竣工经验收合格后，方可交付使用；未经验收或者验收不合格的，不得交付使用。但该规定系管理性规定并非效力性规定，且其限制的对象为开发商而非购房者，不应扩大适用于购房者。某大厦工程已经通过单位工程竣工验收、消防验收，虽未综合验收，但案外人作为购房者，自愿在没有办理综合验收手续的情况下以现状接收房屋，虽然对于之后可能产生的质量责任或使用风险依法可能处于不利的法律地位，但该接收行为系对其自身权利的处分，未违反法律、行政法规的禁止性规定，应当予以准许，不能以此否定买受人已经实际占有该房屋的事实，更不能据此认定占有争议房屋不合法。综上，许某尹与某房地产开发公司之间在法院查封争议车位前已经签订书面的合法有效的《商品房买卖合同（预售）》且经网上备案，许某尹已经支付全部价款且在查封前合法占有争议房屋，虽未办理过户登记，但非其自身原因所致。因此，许某尹所提执行异议能够成立，能够排除法院执行。

江苏省南通市崇川区人民法院依照《中华人民共和国民事诉讼法》第二百二十七条，《最高人民法院关于人民法院办理执行异议和复议案件若干问题的规定》第十七条第（二）项、第二十八条的规定，作出如下裁定：

解除对南通市某大厦综合楼第一层 109、110 室房屋的查封，中止对前述不动产的执行。

【法官后语】

在执行异议纠纷或执行异议之诉纠纷中，申请执行人的执行利益与案外人作为买受人的民事权益产生冲突，如何平衡此种利益冲突，是一般物权期待权所存在的现实意义。本案中，开发商向买受人交付的房屋未经过竣工验收，但并不因此阻却合法占有要件的成立。

一、未经竣工验收的房屋属于合法建筑

《中华人民共和国民法典》第二百三十一条规定："因合法建造、拆除房屋等事实行为设立或者消灭物权的，自事实行为成就时发生效力。"房地产开发企业符合法律规定和审批部门规定所开发建设的房屋，系属于合法建造，应取得所有权。所建设的房屋是否通过竣工验收，并不影响开发商对于该房屋所有权的取得。买受人的期待物权来源于开发商对所建筑房屋的所有权，因此该期待权利的来源具有合法性。未经竣工验收的房屋可以成为一般买受人物权期待权的客体。

二、未经竣工验收的房屋具有可期待的利益

期待利益是期待权的核心要义，作为开发商建设的房屋，即使尚未经过竣工验收，但不可否认其仍然具有财产属性的特质。建设工程可以设定法定抵押权，作为不动产其所有的财产性价值，能够得以体现。而相对而言，开发商所建造的房屋，虽然没有经过竣工验收，但是客观上，其所具有的财产价值并不因此丧失，具备买受人所期待享有的利益性质。在执行过程中，建设工程或者未经竣工验收的房屋，可以作为被执行的标的，也体现了其财产性利益的属性。

三、合法占有应理解为有权占有、自主占有

在占有的分类中，并无合法占有的概念及分类。无论是《最高人民法院关于人民法院办理执行异议和复议案件若干问题的规定》第二十八条中规定的“合法占有”，抑或是《最高人民法院关于人民法院民事执行中查封、扣押、冻结财产的规定》第十七条中规定的“实际占有”，基于该两项条款所要保护的案外人的合法权利来看，其均应当是指向同样的占有标准，要求案外人为有权占有、自主占有，从而与无权占有、他主占有区别开来。对于一般买受人的物权期待权而言，对于其的保护是基于其所享有的期待权利是合法取得的权利，因此，其占有行为必然是有权占有而非无权占有，否则会丧失法律对于该权利保护的基础。

四、文义解释中合法是限定占有行为而非房屋的客观状态

对于买受人所购买的房产尚未经过竣工验收，仍然登记于开发商名下，开发商已经履行了交付手续，将房屋交付给买受人，该房屋已经房屋单体验收和消防验收，仅是未经过竣工验收，房屋已经具备使用的功能。在此种情形下，应作出如下认定：一方面，对占有与交付之行为并非必然作出同等的价值判断。《中华人民共和国建筑法》等法律禁止交付未经竣工验收的房屋，但开发商实际上进行了交付，在此交付行为中，买受人与开发商对于交付是真实的合意，意思表示均是指向由买受人对房屋进行实际占有和支配。买受人基于开发商的

交付行为而占有，其具有占有的意思表示，客观上也形成对物的管领和控制，该占有事实已经发生，有合法的权利基础。另一方面，对交付行为合法的限定并不必然等同于所占有的房屋必须满足竣工验收条件。《中华人民共和国建筑法》等法律禁止交付的基础，是基于所建设房屋未经过竣工验收的手续，由房屋的客观状态，而作出对交付行为性质的认定。《最高人民法院关于人民法院办理执行异议和复议案件若干问题的规定》第二十八条中的“合法”，应是着眼于占有行为所依赖的权利基础，即是否有合法的占有途径，而该权利基础的来源是开发商作为原权利人的转移。因此，在开发商向买受人交付的房屋尚未经过竣工验收的情形，并不能否定合法占有条件的成就。

编写人：江苏省南通市崇川区人民法院　张慧

25

房屋预查封后提供执行担保查封其返还购房款情况下如何确定分配顺序

——张某洪与某小额贷款公司执行复议案

【案件基本信息】

1. 裁判书字号

山东省济南市中级人民法院（2020）鲁01执复59号执行裁定书

2. 事由：执行复议纠纷

3. 当事人

异议人（利害关系人）：张某洪

复议申请人（申请执行人）：某小额贷款公司

被申请执行人：牛某

【基本案情】

某小额贷款公司与傅某丹、某担保公司、李某征小额借款合同纠纷一案，经山东省济南市中级人民法院作出（2018）鲁 01 民终 8929 号终审判决，“一、傅某丹于本判决生效之日起十日内偿还某小额贷款公司借款本金 200 万元……”在执行过程中，牛某向山东省济南市历城区人民法院出具财产担保书及个人保证书，其中牛某提供的财产担保为其购买的登记在甲公司名下的位于烟台市莱山区迎春大街××号××层的六套房屋（以下简称案涉房产）。2019 年 9 月 20 日，山东省济南市历城区人民法院作出（2019）鲁 0112 执 1705 号之一执行裁定，裁定：如甲公司解除与担保人牛某签订的关于案涉房产的商品房买卖合同，冻结甲公司应当返还给牛某的全部款项，期限为 3 年。同日，山东省济南市历城区人民法院作出（2019）鲁 0112 执 1705 号之二执行裁定，裁定：查封担保人牛某购买的登记在甲公司名下的案涉房产，期限为 3 年。

2017 年 11 月 13 日，山东省菏泽市曹县人民法院作出（2017）鲁 1721 民初 5752 号民事裁定，裁定查封牛某所有的案涉房产，查封期限为 3 年。2018 年 4 月 23 日，山东省菏泽市曹县人民法院对张某洪与某担保公司、李某征、牛某民间借贷纠纷一案作出（2017）鲁 1721 民初 5752 号民事判决，判决：“某担保公司偿还张某洪借款本金 133 万元及利息 91277.78 元及逾期利息……”

2019 年 10 月 15 日，山东省烟台市莱山区人民法院对甲公司与牛某房屋买卖合同纠纷一案作出民事判决，判决解除甲公司与牛某签订的六份商品房买卖合同，牛某将案涉房产返还给甲公司，甲公司退还牛某购房款共计 3134414.7 元。该六份判决现已发生法律效力，目前已立案执行。

张某洪认为，山东省菏泽市曹县人民法院对案涉房产的查封早于山东省济南市历城区人民法院，山东省济南市历城区人民法院（2019）鲁 0112 执 1705 号之一执行裁定查封案涉房产返还款项侵犯了其合法权益，请求法院予以撤销。

【案件焦点】

1. 张某洪、某小额贷款公司对被冻结涉案房产返还款项受偿的顺位问题；

2. 张某洪是否系利害关系人；3. 牛某向山东省济南市历城区人民法院出具财产担保的效力问题。

【法院裁判要旨】

山东省济南市历城区人民法院经审理认为：根据《最高人民法院关于人民法院办理执行异议和复议案件若干问题的规定》第七条第一款规定，“当事人、利害关系人认为执行过程中或者执行保全、先予执行裁定过程中的下列行为违法提出异议的，人民法院应当依照民事诉讼法第二百二十五条规定进行审查：（一）查封、扣押、冻结、拍卖、变卖、以物抵债、暂缓执行、中止执行、终结执行等执行措施；（二）执行的期间、顺序等应当遵守的法定程序；（三）人民法院作出的侵害当事人、利害关系人合法权益的其他行为”。本案中，异议人实质上是对人民法院对同一执行财产执行顺序应遵守的法定程序提出的异议。根据上述法律规定，本案应当依照《中华人民共和国民事诉讼法》第二百二十五条规定进行审查。《最高人民法院、国土资源部、建设部关于依法规范人民法院执行和国土资源房地产管理部门协助执行若干问题的通知》第十五条的规定，“下列房屋虽未进行房屋所有权登记，人民法院也可以进行查封：（一）作为被执行人的房地产开发企业，已经办理了商品房预售许可证且尚未出售的房屋；（二）被执行人购买的已由房地产开发企业办理了房屋权属初始登记的房屋；（三）被执行人购买的办理了商品房预售合同登记备案手续或者商品房预告登记的房屋”。第十八条规定，预查封的效力等同于正式查封。牛某购买的六套涉案房产已经办理了商品房预售备案及预告登记，山东省菏泽市曹县人民法院对涉案房屋的查封符合上述规定，查封合法有效。《最高人民法院关于人民法院民事执行中查封、扣押、冻结财产的规定》第二十四条规定，查封、扣押、冻结的财产灭失或者毁损的，查封、扣押、冻结的效力及于该财产的替代物、赔偿款。人民法院应当及时作出查封、扣押、冻结该替代物、赔偿款的裁定。涉案房产已被山东省菏泽市曹县人民法院、山东省烟台市莱山区人民法院及山东省济南市历城区人民法院先后查封，其中山东省菏泽市曹县人民法院查封系首封，已经产生查封效力。山东省烟台市莱山区人民法院及山东省济南市历城区人民法院查封系轮候查封，尚未产生查封效力。山东省烟台市莱山区人民法院对甲公司与牛某房屋买卖合同纠纷一案依法作出六份民事判决，解除了甲公司与牛某签订的商品房买卖合同，该判决已经生效。商品房买卖合同解除后山东省菏泽市曹县人民法院对涉案房产的查封效力即及于甲公司合同解除后应返还牛某的购房款，该购房款应视为牛某在甲公司的到期债权，债权金额为3134414.7 元。此后山东省菏泽市曹县人民法院裁定冻结牛某在甲公司享有到期债权中的 2313125 元，并向甲公司发出履行通知，均符合执行程序的法律规定。山东省济南市历城区人民法院基于牛某系（2019）鲁 0112 执 1705 号案件的保证人，只能执行牛某在甲公司到期债权中山东省菏泽市曹县人民法院采取执行措施之外的部分，即只能对到期债权中 2313125 元之外的部分采取执行措施。2019 年 9 月 20 日山东省济南市历城区人民法院作出（2019）鲁 0112 执1705 号之一执行裁定，裁定冻结甲公司应当返还牛某的全部款项，实际冻结了牛某在甲公司的全部债权，没有法律及事实依据，也侵犯了异议人张某洪的合法权益，应予纠正。因此，张某洪的异议成立，法院予以支持。

山东省济南市历城区人民法院依照《中华人民共和国民事诉讼法》第二百二十五条，《最高人民法院关于人民法院民事执行中查封、扣押、冻结财产的规定》第二十四条及《最高人民法院关于人民法院办理执行异议和复议案件若干问题的规定》第七条、第十七条的规定，裁定如下：

撤销本院（2019）鲁 0112 执 1705 号之一执行裁定及协助执行通知。

复议申请人某小额贷款公司不服该裁定，申请复议。山东省济南市中级人民法院经审理认为：张某洪对山东省济南市历城区人民法院冻结甲公司应返还给牛某的全部款项提出书面异议，系本案的利害关系人。《最高人民法院关于人民法院民事执行中查封、扣押、冻结财产的规定》第二十六条规定，被执行人就已经查封、扣押、冻结的财产所作的移转、设定权利负担或者其他有碍执行的行为，不得对抗申请执行人。牛某在已经被山东省菏泽市曹县人民法院查封的六套房产上设定权利负担，其提供执行担保的行为有效，但不得对抗张某洪。关于受偿顺序问题，《最高人民法院关于人民法院执行工作若干问题的规定（试行）》[1] 第八十八条第一款规定，多份生效法律文书确定金钱给付内容的多个债权人分别对同一被执行人申请执行，各债权人对执行标的物均无担保物权的，按照执行法院采取执行措施的先后顺序受偿。山东省菏泽市曹县人民法院查封系首查封，已经产生查封效力，山东省济南市历城区人民法院查封系轮候查封。因山东省菏泽市曹县人民法院的执行措施早于山东省济南市历城区人民法院，故张某洪对涉案房产返还款项的受偿顺位，应当先于某小额贷款公司。

山东省济南市中级人民法院依照《中华人民共和国民事诉讼法》第二百二十五条，《最高人民法院关于人民法院办理执行异议和复议案件若干问题的规定》第十七条第一款第（四）项、第二十三条第一款第（二）项之规定，裁定如下：

一、撤销山东省济南市历城区人民法院执行裁定；

二、张某洪关于对返还牛某的购房款优先于某小额贷款公司的债权受偿的异议成立。

【法官后语】

本案为涉及查封房产的执行复议，争议的焦点是对返还查封房产购房款项的执行分配问题。审理的关键在于，在首封法院已经对案涉房产进行查封，当事人又为其他法院提供执行担保，轮候查封法院不仅对案涉房产进行查封，同时对案涉房产因合同解除而返还的款项进行查封，在这一情况下，如何衡量和保护前后两个申请执行人的合法权益，正确分配其受偿顺序，就成为法官应当衡量的问题。

本案中，2017 年 11 月 13 日，山东省菏泽市曹县人民法院作出（2017）鲁 1721 民初 5752 号民事裁定，裁定查封牛某所有的案涉房产，查封期限为三年。

---

① 《最高人民法院关于人民法院执行工作若干问题的规定（试行）》已经于 2020 年 12 月 29 日修改，于 2021 年 1 月 1 日实施，本书收录案例部分裁判于该文件修改之前，适用的是当时有效的条文，下文将不再对此进行提示。

2019年9月20日，牛某提供执行担保，山东省济南市历城区人民法院作出(2019)鲁0112执1705号之一执行裁定，裁定查封案涉房产及返还购房款项。2019年10月15日，山东省烟台市莱山区人民法院对甲公司与牛某房屋买卖合同纠纷一案作出民事判决，判决解除甲公司与牛某签订的六份商品房买卖合同，牛某将案涉房产返还给甲公司。山东省济南市历城区人民法院认为，其只能执行牛某在甲公司到期债权中山东省菏泽市曹县人民法院采取执行措施之外的部分，即只能对到期债权中2313125元之外的部分采取执行措施，因而裁定撤销其作出的执行行为。

从执行措施的顺位上看，山东省济南市历城区人民法院所做查封，明显晚于山东省菏泽市曹县人民法院，且山东省济南市历城区人民法院的查封依据，是牛某主动提供的执行担保，该执行担保作出时，其提供的财产已经被山东省菏泽市曹县人民法院查封。根据《最高人民法院关于人民法院民事执行中查封、扣押、冻结财产的规定》第二十六条①规定，牛某在已经被山东省菏泽市曹县人民法院查封的六套房产上设定权利负担，其提供执行担保的行为有效，但不得对抗张某洪。因而在对案涉房产的处置上，某小额贷款公司在与张某洪对抗时，并无担保物权，就为适用《最高人民法院关于人民法院执行工作若干问题的规定（试行）》第八十八条②第一款规定提供了法理依据，根据上述规定，应当按照采取执行措施的先后顺序受偿。山东省济南市历城区人民法院在执行异议审理阶段，直接裁定将查封行为撤销，过于简单，不利于保护第二顺位的债权人。因而在复议阶段，对异议裁定予以撤销，同时支持异议人张某洪关于对返还牛某的购房款优先于某小额贷款公司的债权受偿的异议。

在现阶段的执行实务中，往往会出现前后两个查封争抢第一顺位的问题，尤其是在查封财产灭失的情况下。《最高人民法院关于人民法院民事执行中查封、

---

① 参见《最高人民法院关于人民法院民事执行中查封、扣押、冻结财产的规定》(2020修正) 第二十四条。

② 参见《最高人民法院关于人民法院执行工作若干问题的规定（试行）》(2020修正) 第五十五条。

扣押、冻结财产的规定》第二十四条[①]的适用范围是冻结财产的灭失、毁损，同时查封效力基于该财产的替代物、赔偿款。在查封财产被解除合同，财物互相返还的情况下，应当在查明有无担保物权的基础上，按照执行顺序的前后受偿。

编写人：山东省济南市中级人民法院　李富建　邵大林

26

通知轮候查封案件债权人参与分配的条件

——施某辉与姜某如等执行复议案

【案件基本信息】

1. 裁判书字号

江苏省南通市中级人民法院（2020）苏06执复146号执行裁定书

2. 事由：执行复议纠纷

3. 当事人

复议申请人（案外人）：施某辉

申请执行人：姜某如

被执行人：张某、黄某林

【基本案情】

姜某如诉张某、黄某林买卖合同纠纷一案，姜某如依据江苏省南通市通州区人民法院（2016）苏0612民初2268号民事判决向该院申请强制执行，该院于2016年6月20日立案强制执行，后于2016年7月28日裁定终结本次执行程

① 参见《最高人民法院关于人民法院民事执行中查封、扣押、冻结财产的规定》（2020修正）第二十二条。

序。后姜某如向该院申请恢复执行，该院于2020年3月5日立案恢复执行。在执行过程中，该院于2020年6月12日成功拍卖了黄某林购买的位于海门市的房产。拍卖成交后，该院于2020年7月23日作出（2020）苏0612执恢165号执行财产分配方案，并于2020年7月28日向债权人等当事人送达。

2020年8月3日，施某辉向江苏省南通市通州区人民法院递交参与分配申请书，要求参与分配，该院于2020年8月8日作出（2020）苏0612执恢165号通知书，依法不准许施某辉参与分配。施某辉提出异议称，其与张某、黄某林之间的民间借贷纠纷一案，已由江苏省海门市人民法院受理，并于2020年7月8日依法作出（2020）苏0684民初2204号民事判决。在该案审理过程中，江苏省海门市人民法院于2020年5月8日查封了被江苏省南通市通州区人民法院拍卖的案涉不动产。江苏省南通市通州区人民法院在启动参与分配程序过程中，明知拍卖标的有司法查封的情况下，既未通知审理法院，也未通知异议人。2020年8月3日，施某辉在知晓江苏省南通市通州区人民法院启动分配程序后，根据《最高人民法院关于适用〈中华人民共和国民事诉讼法〉的解释》第五百零八条之规定，申请参与分配，江苏省南通市通州区人民法院以施某辉申请参与分配已过截止日期为由，通知施某辉不准参与分配。施某辉认为，其未能及时申请参与分配，系因无法及时知晓江苏省南通市通州区人民法院的执行进程，江苏省南通市通州区人民法院拍卖的标的物存在其他法院的司法查封，在处置过程中，理应保障其他债权人的合法权益，履行通知义务，而江苏省南通市通州区人民法院未予通知，导致异议人未能及时响应江苏省南通市通州区人民法院的参与分配程序。现为保障异议人的债权和合法权益得以有效实现，根据《中华人民共和国民事诉讼法》第二百二十五条之规定，提出异议，要求撤销江苏省南通市通州区人民法院（2020）苏0612执恢165号通知书，准许施某辉参与分配。

【案件焦点】

参与分配程序中，主持分配法院是否应当通知轮候查封案件的债权人参与分配。

【法院裁判要旨】

江苏省南通市通州区人民法院经审理认为：施某辉向江苏省南通市通州区人民法院递交参与分配申请书，因其申请参与分配的时间在截止日期之后，故其不符合参与分配的条件。法院书面告知不准许施某辉参与分配，符合相关法律规定。

江苏省南通市通州区人民法院依照《中华人民共和国民事诉讼法》第二百二十五条，《最高人民法院关于人民法院办理执行异议和复议案件若干问题的规定》第十一条、第十七条第（一）项的规定，裁定如下：

驳回施某辉的异议请求。

施某辉不服该裁定，申请复议。江苏省南通市中级人民法院经审理认为：复议申请人施某辉在诉讼过程中申请江苏省海门市人民法院对案涉房产进行了查封，该查封属于轮候查封性质，轮候查封在之前的查封措施未撤销或失效前不具有查封的效力，属于效力待定性质，江苏省南通市通州区人民法院在处置案涉财产前并未撤销原有查封，该查封措施也并未因超过查封时间而失效，故施某辉申请的查封措施并未发生查封案涉房产的法律效力。至于江苏省南通市通州区人民法院在处置案涉房产及制作分配方案时是否应当通知江苏省海门市人民法院或者轮候查封的申请人施某辉，江苏省高级人民法院于2020年3月11日发出了《关于正确理解和适用参与分配制度的指导意见》。根据该指导意见第十三条第一款第（三）项规定，其他法院对被分配财产已经采取轮候查封、扣押、冻结措施且已书面通知主持分配法院的，应通知已取得执行依据的轮候查封债权人申请参与分配。江苏省海门市人民法院轮候查封后未通知江苏省南通市通州区人民法院，且施某辉在财产处置时未依据其取得的执行依据及时申请参与分配，故江苏省南通市通州区人民法院依法制作分配方案并无通知江苏省海门市人民法院或施某辉的法定义务。现施某辉向江苏省南通市通州区人民法院递交参与分配申请书的时间在江苏省南通市通州区人民法院将分配方案送达符合参与分配资格的当事人之后，施某辉的参与分配申请依法不应支持，故江苏省南通市通州区人民法院作出的通知及驳回施某辉的异议请求的裁定并无不当。综上所述，施某辉的复议请求不能成立，法院不予支持。原审异议裁定认定事实清楚，适用法律正确。

江苏省南通市中级人民法院依照最高人民法院《关于人民法院办理执行异议和复议案件若干问题的规定》第二十三条第一款裁定如下：

驳回施某辉的复议请求，维持江苏省南通市通州区人民法院的裁定。

【法官后语】

本案的争议焦点是执行法院是否应当主动通知轮候查封案件的债权人申请参与分配。《最高人民法院关于适用〈中华人民共和国民事诉讼法〉的解释》第五百零八条规定，“被执行人为公民或者其他组织，在执行程序开始后，被执行人的其他已经取得执行依据的债权人发现被执行人的财产不能清偿所有债权的，可以向人民法院申请参与分配。对人民法院查封、扣押、冻结的财产有优先权、担保物权的债权人，可以直接申请参与分配，主张优先受偿权”。从上述规定看，参与分配应当依债权人申请启动，但上述规定也没有明确禁止通知债权人参与分配，实践中也确有执行法院会主动通知债权人申请参与分配的情形。理论上，也有观点认为从债权公平受偿角度，应当主动通知明知的轮候查封案件的债权人申请参与分配。由于实践的做法和理论上的观点，使得本案是否支持复议申请人的复议请求对以后审查类似问题具有一定的指导意义。

上述司法解释规定参与分配依申请启动，系由民事强制执行请求权的性质决定的。申请参与分配其实就是民事强制执行请求权在分配程序中的具体体现，与向人民法院申请强制执行具有相同的法律效果。强制执行请求权作为当事人的程序权利，应当由当事人自行行使，如果当事人不行使，系其自己放弃权利。启动参与分配程序亦同，如果债权人不申请参与分配，特别是轮候查封案件的债权人知晓首封法院而不申请参与分配的情形，系其自己放弃申请参与分配的权利。所以，首封法院不应主动将其纳入分配程序。另外，在明知有轮候查封案件而不通知债权人参与分配，与债权公平受偿原则也不相违背。因为执行程序与破产程序不同，执行系个案清偿，虽然在债务人作为个人时可以通过参与分配公平受偿，但也仅是相对公平的受偿，无法与破产程序完全公平受偿相提并论。虽然知道有轮候查封的债权人而未通知，但就已经申请参与分配的债权进行分配，也是在一定范围内实现了公平受偿。所以，不通知轮候查封案件的债权人申请参与分配具有理论正当性。但也有例外，如果轮候查封法院查封财产后已书面通知主持分配法院的，虽然轮候查封案件的债权人没有申请参与分配，但是轮候查封法院通知了首封法院，系代替债权人作出了申请参与分配的意思表示，此时首封法院应当通知轮候案件的债权人申请参与分配。

本案中，在申请参与分配时间节点前，轮候查封案件的债权人没有主动申请参与分配，轮候查封法院也没有通知首封法院，故首封法院不将其债权纳入分配程序并无不当。通过本案的审查，提示相关债权人要及时行使权利参与分配，相关执行法院在轮候查封时应当主动通知首封法院或主持分配法院，以维护债权人的合法权益。

编写人：江苏省南通市中级人民法院　范加庆

27

案外人执行异议案件适用第三人撤销之诉应从严审查

——某建设公司诉某建筑集团等第三人撤销之诉案

【案件基本信息】

1. 裁判书字号

江苏省南通市中级人民法院（2020）苏06民终2821号民事裁定书

2. 案由：第三人撤销之诉

3. 当事人

原告（上诉人）：某建设公司

被告（被上诉人）：某建筑集团、某投资公司、王某锋、张某燕

【基本案情】

2016年6月28日，某投资公司与某建设公司签订《以房抵款协议》，约定某投资公司应向某建设公司支付工程款约2865万元，在满足双方施工合同约定的工程款结算及付款条件之后，某投资公司用于抵销某建设公司工程款的房屋房号为“×××”，车位号为“D××1”“D××2”，住宅建筑面积211.85平方米，房屋价款264万元。协议还约定，自协议签订之日起，某建设公司可以指定该房屋的实际买受人。同日，某投资公司与苏某签订《商品房买卖合同》，约定苏某购买××城×幢×××室房屋，房屋及车库总价款264万元。

2017年1月9日，某建设公司与王某锋、张某燕签订《协议书》，约定某建设公司将××城×幢×××室及车位D××1、D××2出让给王某锋、张某燕。同日，某投资公司与王某锋、张某燕签订《商品房买卖合同》，约定王某锋、张某燕购买××城×幢×××室房屋。

法院在审理某建筑集团与某投资公司建设工程合同纠纷一案中，某建筑集团向法院提出财产保全的申请，法院于2016年12月9日作出（2016）苏0602民初6355号民事裁定：冻结被申请人某投资公司银行存款人民币48000000元，或查封、扣押相应价值的财产。法院（2016）苏0602执保376号案对（2016）苏0602民初6355号民事裁定书予以实施，于2016年12月14日向南通市不动产登记中心发出协助执行通知书，查封××城×幢×××室房产。后王某锋、张某燕对法院查封上述房产提出执行异议，法院经审理，于2017年7月20日作出（2017）苏0602执异60号执行裁定书，裁定中止对南通市××城×幢×××室房产的执行。某建筑集团向法院起诉，请求判决对南通市××城×幢×××室房产继续执行。法院于2018年2月11日作出（2017）苏0602民初4543号民事判决，判决准许执行（2016）苏0602执保376号案依据（2016）苏0602民初6355号民事裁定对南通市××城×幢×××室房产的查封，该判决已发生法律效力。

2019年5月15日，江苏省南通市崇川区人民法院作出（2019）苏0602民初2143号民事调解书，载明某建设公司与某投资公司自愿达成协议：（1）双方确认继续履行双方于2016年6月28日订立的商品房买卖合同；（2）某投资公司于调解书生效之日起三十日内协助某建设公司办理南通市××城×幢×××室及车位 D××1、D××2 所有权变更登记手续。

【案件焦点】

某建设公司作为利害关系人能否撤销法院作出的执行异议之诉判决。

【法院裁判要旨】

江苏省南通市崇川区人民法院经审理认为：根据法律规定，案外人寻求法律救济的途径包括执行异议、执行异议之诉及第三人撤销权之诉等，上述各项诉讼制度具有不同立法目的及适用条件。案外第三人认为法院已经发生法律效力的判决、裁定、调解书损害其民事权益，可以在规定的时限内向原审法院提出申请要求撤销他人之间已经生效的、错误的判决、裁定和调解书。由此可见，虽法律并未将执行异议之诉的生效判决排除在第三人撤销权之诉客体范围外，但第三人撤销权之诉的起诉及受理仍应符合相应的限定条件。本案原告起诉撤销相关判决，本质上是基于其对执行标的享有民事权益要求排除执行，仍属于执行异议的范畴。某建设公司请求撤销的执行异议之诉判决系王某锋、张某燕对执行标的提出异议而引起，解决的是王某锋、张某燕对执行标的所主张的权利与执行行为的冲突，最终作出的判决是准许执行。该判决不影响某建设公司通过执行异议、执行异议之诉等程序寻求救济。某建设公司认为权益受损并非该判决所致。某建设公司提起第三人撤销之诉不符合起诉条件。

江苏省南通市崇川区人民法院依照《中华人民共和国民事诉讼法》第一百五十四条第一款第（三）项，《最高人民法院关于适用〈中华人民共和国民事诉讼法〉的解释》第二百零八条第三款、第二百九十二条规定，作出如下裁定：

驳回某建设公司的起诉。

某建设公司不服一审裁定，提出上诉。江苏省南通市中级人民法院同意一审法院的裁判意见，裁定驳回上诉，维持原裁定。

【法官后语】

案外人申请再审制度、执行异议之诉和第三人撤销之诉共同构建了我国案外人权利救济体系。案外人寻求救济可以诉讼程序阶段为基础，以不同的主体身份，来确定所具体适用的救济程序。但看似泾渭分明的制度，实践中也存在交叉重合。《最高人民法院关于适用〈中华人民共和国民事诉讼法〉的解释》虽对三者之间的交叉问题予以细化，然而具体到司法实践中，三大制度的衔接与准入，依然存在诸多适用难点。本案便涉及案外人执行异议制度与第三人撤销之诉的识辨以及能否对案外人执行案件提起撤销之诉的新问题。

一、法律上并不排斥案外人执行异议之诉成为第三人撤销之诉的客体及对象

第三人撤销之诉程序中，案外人针对的对象是原裁判，其认为原裁判的部分或者全部内容侵害了其民事权益。《最高人民法院关于适用〈中华人民共和国民事诉讼法〉的解释》第二百九十七条明确规定以下特定类型的裁判不适用第三人撤销之诉，"（一）适用特别程序、督促程序、公示催告程序、破产程序等非讼程序处理的案件；（二）婚姻无效、撤销或者解除婚姻关系等判决、裁定、调解书中涉及身份关系的内容；（三）民事诉讼法第五十四条规定的未参加登记的权利人对代表人诉讼案件的生效裁判；（四）民事诉讼法第五十五条规定的损害社会公共利益行为的受害人对公益诉讼案件的生效裁判"。与传统诉讼相比，无论是程序设置还是功能构造，案外人执行异议之诉虽具有特殊性，但仍属诉的一种，根据上述司法解释，法律并未将案外人执行异议之诉的裁判排除在第三人撤销之诉的客体之外。

案外人执行异议之诉表面解决的是案外人或申请执行人认为法院对特定标的物执行具有违法性或正当性，应当停止或许可法院的强制执行行为，体现了程序保护的功能作用。但实质上反映了申请执行人依据生效裁判享有的权利主张与案外人对执行标的权利主张的冲突与对抗，实体层面应属于案外人与被执行人对该执行标的的权属纠纷，系平等主体之间民事纠纷，体现了制度的实体保护功能。由此，案外人执行异议之诉的复杂性决定了其并非单一的形成之诉

或确认之诉或给付之诉，而是一种兼具多重性质的复合型新类型诉讼。《最高人民法院关于适用〈中华人民共和国民事诉讼法〉的解释》第三百一十二条规定，案外人执行异议之诉中，同时提出确认其权利的诉讼请求的，人民法院可以在判决中一并做出裁判。具体实践操作中，对于案外人作为一项独立诉讼请求提出的确权主张，法院一般都会一并做出裁决，甚至排斥另案确权的程序选择。案外人执行异议之诉的复合性，恰恰决定了在对执行标的物的实体审查及权属确认过程中，必然涉及是否需要通知第三人参加诉讼，实体的处理结果也可能产生导致案外人实体权益受损的情形。因此，当第三人认为案外人执行异议之诉的裁决，损害其实体权益时，依据现行法律规定，可以提起撤销之诉。

二、对案外人执行异议案件提起第三人撤销之诉应秉持限制主义立场

如前文所述，第三人撤销之诉的立法目的在于弥补案外人未能在原诉进行依法攻击防御，可能对案外人的民事权益带来消极影响，从而赋予其程序救济的权利。但在某些情况下，也要警惕案外人滥用引发一系列不适的问题。由于第三人撤销之诉是一种事后程序保障，因此，其权利的对抗性应当严格予以审查，特别是针对案外人执行异议案件提出撤销之诉，虽在理论上具有合法性和可能性，但实践中案外人相关诉求易与其他程序救济混淆不清，审查时更应该秉持审慎的态度，否则，可能引发程序错乱，损害生效裁判的既判力和稳定性，对当前固有的案外人救济体系造成冲击。

对于第三人撤销之诉的原告主体资格和范围，在有法律上的利害关系的判断上，应比第三人参加诉讼的标准更高，应当结合实体要件加以判断。一方面，提起第三人撤销之诉的主体应严格限定于执行异议之诉案件中第三人。另一方面，在提出事由方面，不仅需原裁判对案外人合法权益形成障碍，案外人对此有不可分割的利益，且一般无法通过“另诉”方式解决，即须与原审裁判具有权利义务关系、有直接牵连，系存在法律上利害关系的第三人。对于存在事实上的利害关系的案外人，为查明案件事实可以追加第三人，但因其不享有实体权利义务，无权提起第三人撤销之诉。

此外，需要强调的是，《最高人民法院关于适用〈中华人民共和国民事诉

讼法〉的解释》明确了第三人撤销之诉中原诉的判决、裁定的部分或者全部内容是指判决、裁定的主文部分，排除了生效裁判文书中事实认定和事实理由作为撤销对象的可行性。故笔者认为，在对执行异议之诉案件提起第三人撤销之诉时，如非判决主文部分存在内容错误，第三人不宜提起撤销之诉。如案外人执行异议之诉中，法院最终以案外人系房屋单独所有权人为由，最终判决不得执行该标的。而事实上的房屋属于共同共有，其他共有人亦不得以法院判决错误为由撤销该诉。

编写人：江苏省南通市中级人民法院　杨盛

28

被执行人死亡后变更遗产管理人为被执行人

——陆某伦、高某英诉讼费执行案

【案件基本信息】

1. 裁判书字号

江苏省南通市崇川区人民法院（2019）苏0602执2857号执行裁定书

2. 案由：诉讼费执行

3. 当事人

被执行人：陆某伦、高某英

【基本案情】

陆某伦、高某英系夫妻关系，婚前共育有六女，即陆1兰、陆2兰、陆3兰、陆某珍、陆某芳、陆某英。2002年10月28日，陆某伦作为甲方、高某英作为乙方、陆1兰作为丙方、陆2兰作为丁方签订《拆、建房屋协议书》，协议约定：根据我户1998年5月22日所订分书，甲、乙方留有养老房屋（平房）

两间，现已年久失修，现经姐妹们共同协商，其他已婚嫁的四个女儿已明示放弃了继承权。高某英于2018年5月31日死亡。陆某伦于2019年5月6日死亡。陆3兰于2019年1月5日死亡。陆3兰生前和配偶季某跃生育陈某芳、季某、季某芹。高某英、陆某伦银行账户在二人死亡后均有取款记录。未能查明实际取款的人员。陆1兰、陆2兰、陆某珍、陆某芳执行过程中均表示放弃继承高某英、陆某伦遗产。陆某珍2020年2月20日表示放弃继承，2020年2月25日表示愿意继承遗产，后在江苏省南通市中级人民法院复议期间又放弃继承遗产。

【案件焦点】

作为被执行人的自然人死亡后取得遗产主体不明的，是否应当依职权变更遗产管理人为被执行人。

【法院裁判要旨】

江苏省南通市崇川区人民法院于2020年3月12日作出（2020）苏0602执异24号执行裁定书，裁定：一、变更陆1兰、陆2兰、陆某珍、陆某芳、陆某英、季某跃、陈某芳、季某、季某芹为（2019）苏0602执2857号案件被执行人，应在其继承的财产范围内承担责任；二、陆1兰、陆2兰、陆某珍、陆某芳、陆某英、季某跃、陈某芳、季某、季某芹承担（2017）苏0602民初2276号案件受理费16086元。陆1兰、陆2兰、陆某珍、陆某芳、陆某英、季某跃、陈某芳、季某、季某芹不服向江苏省南通市中级人民法院申请复议。江苏省南通市中级人民法院于2020年5月7日作出（2020）苏06执复48号执行裁定书，裁定：一、撤销江苏省南通市崇川区人民法院（2020）苏0602执异24号执行裁定；二、发回南通市崇川区人民法院重新审查。

江苏省南通市崇川区人民法院认为，作为被执行人的公民死亡，无遗产可供执行，又无义务承担人的，人民法院裁定终结执行。被执行人陆某伦、高某英死亡，应当由继承其遗产的法定继承人在继承遗产范围内承担责任。虽查明陆某伦、高某英死亡后曾有人在其邮政储蓄账户取款的事实，但未能查明实际取款的人员。依照《中华人民共和国民事诉讼法》第二百五十七条第（三）项规定，于2020年5月15日裁定如下：终结（2019）苏0602执2857号案件的执行。

【法官后语】

一、未经变更、追加被执行人程序不得直接执行遗产

本案发生于《中华人民共和国民法典》生效之前。《最高人民法院关于适用〈中华人民共和国民事诉讼法〉的解释》第四百七十五条规定："作为被执行人的公民死亡，其遗产继承人没有放弃继承的，人民法院可以裁定变更被执行人，由该继承人在遗产的范围内偿还债务。继承人放弃继承的，人民法院可以直接执行被执行人的遗产。"根据《中华人民共和国民事诉讼法》第二百三十二条的规定，作为被执行人的公民死亡的，应当以其遗产偿还债务。但《中华人民共和国民事诉讼法》并未明确该种情形下如何确定被执行人，《最高人民法院关于适用〈中华人民共和国民事诉讼法〉的解释》此条对此进一步作了细化。依据该解释规定，被执行人死亡时是否变更被执行人，依是否有遗产及继承人是否放弃继承而定。

2016年12月1日起施行的《最高人民法院关于民事执行中变更、追加当事人若干问题的规定》（以下简称《变更追加规定》）第十条第一款规定："作为被执行人的公民死亡或被宣告死亡，申请执行人申请变更、追加该公民的遗嘱执行人、继承人、受遗赠人或其他因该公民死亡或被宣告死亡取得遗产的主体为被执行人，在遗产范围内承担责任的，人民法院应予支持。继承人放弃继承或受遗赠人放弃受遗赠，又无遗嘱执行人的，人民法院可以直接执行遗产。"根据上述司法解释，不变更继承人为被执行人径行执行已死亡被执行人的遗产只有一种情形：被执行人有遗产可供执行且继承人放弃继承或受遗赠人放弃受遗赠，又无遗嘱执行人的。

《中华人民共和国民法典》创造性地详细规定了遗产管理人制度，包括管理人的选定、职责等内容。管理人职责包括处理被继承人的债权债务等。为确保民法典在执行工作中的统一正确适用，2020年12月23日最高人民法院审判委员会第1823次会议通过《最高人民法院关于修改〈最高人民法院关于人民

法院扣押铁路运输货物若干问题的规定〉等十八件执行类司法解释的决定》（以下简称《决定》）。《变更追加规定》修改了16个条文，除了涉及遗产问题的原第二条、第十条外，其余条文修改均属于适应性修改。根据《中华人民共和国民法典》的规定，只要继承开始后，无论如何都存在遗产管理人。即使全部继承人放弃继承或者受遗赠人放弃受遗赠，又无遗嘱执行人的，将由被继承人生前住所地的民政部门或者村民委员会担任遗产管理人，此时，仍应将遗产管理人变更为被执行人。为此，《决定》删除了该条直接执行遗产的规定。本次修订后，关于被执行人死亡时的变更、追加被执行人问题，新的司法解释改变了现行规则，如果能够确定取得遗产的主体的，可以变更、追加其为被执行人；如果取得遗产的主体不明的，则可变更、追加遗产管理人为被执行人。实践中，未经变更、追加被执行人程序，不得直接执行遗产。

二、变更遗产管理人为被执行人的制度设计

1. 执行过程中遗产管理人的选任。被执行人死亡时应当发书面通知要求被执行人的继承人限期说明有无遗嘱执行人、提供遗嘱执行人信息、推选遗产管理人。在继承人未按期完成上述要求的情况下，应当认为继承人共同担任遗产管理人。如果没有继承人或者继承人均书面放弃继承，则应当通知民政部门、村民委员会担任遗产管理人。申请执行人、继承人等利害关系人对遗产管理人有争议的，可以按照《中华人民共和国民法典》的规定申请法院指定遗产管理人。上面已经分析具备遗产管理人资格的人清理债务的积极性并不高，因此在执行程序中法院依申请执行人的争议申请指定遗产管理人应当会成为常态。

2. 对遗产的执行。在目前执行总对总系统中，一旦被执行人死亡则无法查控，即无法查控死者的遗产。对这点应当进行改善，可以通过总对总系统查控死者的遗产。在继承人未放弃继承的情况下，由遗产管理人制作遗产分配方案。遗产分配方案经人民法院裁定认可后执行。针对遗产分配方案的裁定，可以提起执行异议以及分配方案异议之诉。在继承人均放弃继承的情况下，民政部门、村民委员会或者其授权的机构作为遗产管理人仍然应当作出分配方案，清偿债务多余的遗产归国家所有。

3. 对遗产管理人的强制执行措施。在遗产管理人确定后应当裁定变更遗产管理人为被执行人。但不应当直接对遗产管理人采取限制高消费、纳入失信被执行人名单等执行强制措施。当然，遗产管理人不依法履行职责，隐匿、转移遗产的，可以对其采取罚款、拘留、限期追回遗产等强制措施。

4. 执行结案方式。在遗产足以清偿债务的情况下以执行完毕方式结案。可以预见，绝大部分执行案件中被执行人遗产不足以清偿债务。这时应当以何种方案结案？是应当根据《最高人民法院关于适用〈中华人民共和国民事诉讼法〉的解释》第五百一十九条裁定终结本次执行程序还是应当依据《中华人民共和国民事诉讼法》第二百五十七条及相关司法解释裁定终结执行。认真分析《中华人民共和国民事诉讼法》第二百五十七条规定，终结执行必须同时满足三个条件：作为被执行人的公民死亡，无遗产可供执行，又无义务承担人的。遗产管理人处理被继承人的债务是其法定责任。因此，《中华人民共和国民事诉讼法》第二百五十七条“又无义务承担人”在遗产管理人制度出台后已经没有适用的空间。终结本次执行程序后，申请执行人如发现被执行人有可供执行遗产的，可以再次申请执行。

编写人：江苏省南通市崇川区人民法院　陈程

二、对金钱和账户的执行

29

案涉账户内的资金其实质性权属并非账户开立人所有时能否排除法院的执行

——张某伟诉黄某炼、某家具公司执行异议之诉案

【案件基本信息】

1. 裁判书字号

北京市第一中级人民法院（2020）京01民终3084号民事判决书

2. 案由：执行异议之诉

3. 当事人

原告（上诉人）：张某伟

被告（被上诉人）：黄某炼

第三人：某家具公司

【基本案情】

黄某炼诉某家具公司租赁合同纠纷一案，黄某炼提出保全申请，北京市昌平区人民法院向某村民委员会送达民事裁定书和协助执行通知书，冻结某家具公司名下拆迁款300万元。2018年3月23日，北京市昌平区人民法院就该案作出（2017）京0114民初5695号判决书，判决：一、某家具公司于本判决生效

之日起七日内退还黄某炼租金3159640元；二、某家具公司于本判决生效之日起七日内赔偿黄某炼经济损失70000元；三、驳回黄某炼其他的诉讼请求；四、驳回某家具公司的反诉诉讼请求。某家具公司不服本判决，上诉至二审法院，二审法院经审理作出（2018）京01民终4197号判决书，判决：一、维持北京市昌平区人民法院（2017）京0114民初5695号民事判决第二项、第三项、第四项；二、变更北京市昌平区人民法院（2017）京0114民初5695号民事判决第一项为：某家具公司于判决生效之日起七日内退还黄某炼租金3129827元。后黄某炼向北京市昌平区人民法院申请强制执行，执行中，北京市昌平区人民法院要求某村民委员会协助扣划某家具公司在某村民委员会应发款项3267190元。因某村民委员会将拆迁款发放给某家具公司，北京市昌平区人民法院向某村民委员会发出责令协助单位追款通知书，要求其自通知送达之日起十五日内追回擅自支付的款项300万元。经向某村民委员会核实，某家具公司共获得拆迁款91827641.2元，其中该公司股东张某营于2017年9月18日领取4000万元，并于次日将上述款项转入张某营名下银行卡。同年9月19日，张某营将3698万元转入张某银行卡。2018年2月2日，张某将3000万元转给某房地产公司。2018年11月21日，北京市昌平区人民法院向某房地产公司发出执行裁定书和协助执行通知书，并扣划了其账户内存款3342425.62元。案外人张某伟就此向本院提出书面异议，主张上述扣划款项系其所有，北京市昌平区人民法院经审理裁定驳回了张某伟的异议请求。后张某伟向本院提出案外人异议之诉。2017年9月18日，张某营领取拆迁补偿款4000万元存入北京农村商业银行七里渠支行，次日转入自己名下另一账户内。2017年9月19日，张某营将自己名下账户内36980000元转入张某名下账户内。张某营于2017年10月26日领取某家具公司的另外部分拆迁补偿款51827641.2元，并于次日将全部金额存入张某伟名下，开立定期存单，总金额为51828073.10元（本息合计）。该定期存单于2017年11月1日销户，随之将51830232.6元转入张某名下账户。2017年11月1日，张某将自己名下账户内51828023.1元转入张某伟名下账户，该笔转账发生时张某伟该账户余额为0。2017年11月16日，张某伟将自己名下账户内30860000元转入张某名下账户，转账时张某名下该账户余额只有121.21元。张某伟于2018年2月2日与某房地产公司签订《借款协议》一份，约定某房地产公司从张某伟处借款3000万元。同日，张某将自己名下账户内3000万元转入某房地产公司名下账户上。某家具公司的股东为闫某萍、张某伟、张某营，张某营原系该公司法定代表人，后于2018年5月30日该公司变更法定代表人为白某林。张某营系张某伟、张某之父。

【案件焦点】

案外人主张案涉账户内的资金其实质性权属并非账户开立人所有时能否排除法院的执行。

【法院裁判要旨】

北京市昌平区人民法院经审理认为：案外人提起执行异议之诉的，案外人应当就其对执行标的享有足以排除强制执行的民事权益承担举证证明责任。本案审理的焦点问题为张某伟对人民法院扣划的3342425.62元是否享有足以排除人民法院强制执行的民事权益。该3342425.62元是张某向某房地产公司转入3000万元的一部分，对于该3000万元，张某伟称系张某偿还其欠款及分配给其关于甲家具公司的拆迁款，对此张某伟未提交充分有效的证据加以证明，故本院对其该项抗辩意见不予采信。结合张某营领取某家具公司拆迁款的时间，转账给张某、张某伟相应款项的时间、金额，张某伟和张某之间转账时间节点的紧凑性、金额的特殊性（即张某伟并未能证明如此大额转账金额的来源），不能排除该笔款项系张某营领取的某家具公司的拆迁款，张某伟未能举证证明其对法院扣划的3342425.62元享有足以排除法院强制执行的民事权益，故对于张某伟的主张，本院不予支持。本院依照《中华人民共和国民事诉讼法》第六十四条第一款、第一百四十四条、第二百二十七条，《最高人民法院关于适用〈中华人民共和国民事诉讼法〉的解释》第三百零五条、第三百零七条、第三百一十一条、第三百一十二条之规定，作出如下判决：驳回张某伟的诉讼请求。后张某伟不服本院判决，上诉至二审法院，二审法院经审理同意一审法院裁判意见。

【法官后语】

本案属于案外人提出的执行异议，案外人主张案涉账户内款项系其个人所有，请求我院中止对于案涉款项的执行。案外人提起执行异议之诉所要解决的问题实质上是案外人是否对执行标的享有足以阻止强制执行的民事权益。如果案外人享有足以阻止强制执行的民事权益，则可以据此要求执行法院停止对执行标的的强制执行。即只要停止针对执行标的强制执行，则案外人民事权益即得到保障。一般案外人提出执行异议应具备以下条件：（1）对执行标的提出异议的必须是案外人。当事人、利害关系人认为执行行为违反法律规定提出异议的则不是案外人异议。（2）必须是案外人对执行标的主张自己的权利。它既包括主张对该标的享有全部所有权，也包括主张对该标的享有部分所有权。

如果案外人以其对法院冻结的他人名下的存款享有所有权为由，提出执行异议请求排除执行的，适用《中华人民共和国民事诉讼法》第二百二十七条规定进行审查。案外人对执行标的提出异议，负有举证责任。案外人对执行标的主张权利的，应当向人民法院提供必要的证据加以证明，阐明事实。因此引发的执行异议之诉案件中，需要综合审查案外人提供的证据能否证明相关财产的来源及完整的流转过程，以此来确定案外人执行异议之诉中主张的民事权益是否具有实体法上的依据。具体到案外人执行异议之诉中关于账户资金的权属判断，在司法实践中存在争议。一种意见认为，对于一般账户中的资金，应当按照银行记载的情况即以账户的名称作为权属判断的基础与依据，但对于特定专用账户中的资金，应根据账户当事人对该资金的特殊约定以及相关法律规定来判断资金权属，并确定能否对该账户资金强制执行。另一种意见认为，账户虽然违反了国家相关管理规定，但并不影响对账户内资金归属的确认。货币作为一种特殊动产，其本身存在无法辨别的困难，同时又是一种价值符号，流通性系其生命。被执行人银行账户是其行使货币流通手段的一种方式，虽然货币合法转入即属于法律规定的合法交付行为，此时，则不能简单地适用占有即所有的规则，案外人对于账户内资金如果享有足以阻止强制执行的民事权益的，则可以排除强制执行。笔者认为，第二种意见比较合理。一般情况下，对货币的占有即视为所有，但在某些特殊情况下，也存在对这一原则的例外，不能简单地根据对货币的占有就认定为所有。在案外人提出的对于账户资金是否享有阻却执行的权益判断上，关键在于认定账户内的资金是否特定化，是否与被执行人的其他资金相混同。如果该账户资金能够特定化，能够与被执行人的其他资金相区分，则可以阻却执行，反之则不能。

综上所述，对于一般账户中的货币，应以账户名称为权属判断的基本标准。对于某些特定专用账户中的货币，应根据账户当事人对该账户中货币的特殊约定和法律规定等相关条件判断资金权属，以及需要根据案件查明的具体事实判断能否对该账户中的资金强制执行。案外人异议旨在保护案外人合法的实体权利，在查明案涉款项的实体权益属于被执行人的情况下，应直接判决驳回案外人的诉讼请求。

编写人：北京市昌平区人民法院　王慧霞

30

账户内的资金是否享有质权的司法认定及强制执行程序排除的规程

——某银行凯里金泉支行诉林某标案外人执行异议之诉案

【案件基本信息】

1. 裁判书字号

浙江省温岭市人民法院（2020）浙 1081 民初 3009 号民事判决书

2. 案由：案外人执行异议之诉

3. 当事人

原告（执行案外人）：某银行凯里金泉支行

被告（申请执行人）：林某标

第三人（被执行人）：某房地产公司

【基本案情】

2014年3月13日，某银行凯里金泉支行（甲方）与某房地产公司（乙方）就某房地产公司开发的“丽景东庭二期×区1-8幢楼”项目签订了编号为“金泉2014-01”的《一手房借款业务银企合作协议》一份，其中第六条约定：“乙方为个人住房、个人商用房贷款提供保证担保的，自甲方向该购房人发放借款之日起，至该购房人取得房地产权利证书，并办妥以甲方为抵押权人的抵押登记手续止；乙方为个人住房、个人商用房贷款提供担保的，应按甲方向合作项目发放的个人住房贷款余额的3%交纳保证金，并存入保证金专户（户名：某房地产公司，账号：×××），乙方以该保证金专户内的资金为乙方所担保的债务设定动产质押担保；乙方依合作协议、借款合同和担保合同（如有）约定需承担担保责任时，甲方有权直接从上述保证金专户划收相关款项。”2014年3月13日，某房地产公司在某银行凯里金泉支行处开立账号为×××的保证金专户。此后，某银行凯里金泉支行向购买该项目住房的购房人累计发放住房按揭贷款48笔，金额为1097.50万元。按照某房地产公司与某银行凯里金泉支行的约定，某房地产公司按照贷款余额的3%应当缴存保证金329250元，但在履行中实际缴存349650元，多缴存20400元。因贷款人杨某勇和文某未按期还贷，某银行凯里金泉支行从该账户中扣划了51988.82元。

林某标与吴某新、某房地产公司、郑某明、郑某民间借贷纠纷一案，浙江省温岭市人民法院于2016年9月26日作出（2016）浙1081民初2404号民事判决，由吴某新偿还给林某标借款21808700元，并支付自2014年1月1日起按年利率20%的标准计算至实际履行之日止的利息。某房地产公司、郑某明、郑某对上述款项承担连带共同保证责任。该判决生效后，吴某新、某房地产公司、郑某明、郑某没有履行判决确定的义务，林某标向浙江省温岭市人民法院申请执行。浙江省温岭市人民法院于2017年1月19日立案执行。在执行过程中，浙江省温岭市人民法院于2019年7月29日作出（2017）浙1081执652号执行裁定书，划拨某房地产公司开立在某银行凯里金泉支行处×××账户的存款310000元（实际扣划存款302565.32元至法院执行款专户）。2020年4月7日，某银行凯里金泉支行以案外人名义向浙江省温岭市人民法院提出执行异议，主张对某房地产公司×××账户内的保证金存款享有质押权，要求中止执行（2017）浙1081执652号执行裁定。2020年4月10日，浙江省温岭市人民法院作出（2020）浙1081执异22号执行裁定书，驳回了某银行凯里金泉支行的异议请求。某银行凯里金泉支行不服该裁定，于法定期限内向浙江省温岭市人民法院提起本案诉讼。

【案件焦点】

1. 如何认定出质人对账户内资金是否享有质权；2. 质权能否排除执行。

【法院裁判要旨】

浙江省温岭市人民法院经审理认为：本案的争议焦点为某银行凯里金泉支行对案涉账户内的资金是否享有质权，能否据此排除强制执行。对此，应首先判断某银行凯里金泉支行与某房地产公司之间金钱质押关系是否成立，进而判定某银行凯里金泉支行对案涉账户中的资金是否享有质权，能否排除人民法院强制执行。

1. 关于某银行凯里金泉支行与某房地产公司之间是否存在质押关系。根据《中华人民共和国物权法》第二百一十条、第二百一十二条以及《最高人民法院关于适用〈中华人民共和国担保法〉若干问题的解释》第八十五条规定，案涉账户内的资金要认定为质押财产，须满足下列条件：一是某银行凯里金泉支行与某房地产公司之间存在质押合意。二是以案涉账户内的资金设定的质权已依法成立。关于第一点，某银行凯里金泉支行与某房地产公司订立的合作协议约定，某房地产公司同意为合作项目的购房人提供偿还贷款本息的阶段性连带责任保证，按某银行凯里金泉支行向合作项目发放的贷款余额的3%交纳保证金，并存入保证金专户。某房地产公司依照合作协议、借款合同需承担担保责任时，某银行凯里金泉支行有权直接从保证金专户划收相关款项。从该约定的内容来看，某银行凯里金泉支行与某房地产公司已经达成了某房地产公司在某银行凯里金泉支行指定的保证金专用账户存入贷款余额3%的款项作为履约保证金，以保证借款人（购房人）按期偿还按揭贷款的合意。关于第二点，案涉质权是否已依法设立。根据《最高人民法院关于适用〈中华人民共和国担保法〉若干问题的解释》第八十五条规定，金钱质押生效要件包括金钱特定化和移交债权人占有。（1）案涉账户内的金钱是否特定化。案涉账户在合作协议签订的当日开立，类型载明为保证金专户，该账户资金独立于出质人的其他财产。从账户用途看，仅用于接收某房地产公司存缴的保证金和保证金的扣划，虽然每笔贷款发放时间与保证金缴存时间不能一一对应，但某房地产公司已按发放贷款总额的3%予以缴存，并且该账户除发生扣划6笔共计51988.82元用于偿还杨某勇和文某逾期贷款外，账户内款项未用于保证金业务之外的其他业务结算，符合金钱以保证金形式特定化的要求。故某标关于贷款时间与缴存时间不能对应，账户内资金存在混同，不符合特定化要求的抗辩意见，法院不予采纳。（2）关于出质金钱是否移交债权人占有。根据合作协议约定，某房地产公司在某银行凯里金泉支行开立保证金专户，并缴存保证金后，某银行凯里金泉支行作为质权人，即按约定取得对该账户的占有，未经某银行凯里金泉支行同意，某房地产公司不得自由支取账户内资金，实质上丧失了对保证金账户的控制权和管理权。而在个人贷款逾期情形出现时，该保证金直接用于偿还逾期贷款。因此，某银行凯里金泉支行已实际控制和管理案涉账户，符合出质金钱移交债权人占有的要求。综上所述，本案金钱质押已经设立。从本案查明的事实看，某银行凯里金泉支行发放给借款人（购房人）的按揭贷款总额为1097.50万元，合作协议约定的履行保证金为贷款余额的3%，即履约保证金应为329250元，但实际缴存保证金349650元，对于多缴的20400元不能认定为保证金。某银行凯里金泉支行因贷款人杨某勇和文某未按期还贷，从该账户中扣划51988.82元，保证金剩余应为277261.18元，故某银行凯里金泉支行仅对277261.18元保证金享有质权。林某标认为本案不存在金钱特定化，某银行凯里金泉支行不享有质权的理由不能成立，法院不予支持。

2. 关于某银行凯里金泉支行享有的质权能否排除执行。《中华人民共和国物权法》第二条第三款规定，物权是指权利人依法对特定的物享有直接支配和排他的权利，包括所有权、用益物权和担保物权。据此，物权相较债权而言具有优先性，即当同一标的物之上同时存在债权人主张债权与物权人主张物权相冲突时，物权优先于债权实现。本案中某银行凯里金泉支行对案涉保证金账户内的资金享有担保物权，而林某标作为某房地产公司的普通债权人对案涉账户内的存款享有的仅是一般债权，某银行凯里金泉支行享有的物权应当优先于林某标的普通债权得以实现。因此，某银行凯里金泉支行对执行标的享有的质权足以排除林某标与吴某新、某房地产公司、郑某明、郑某民间借贷纠纷一案的强制执行。

综上，某银行凯里金泉支行对保证金账户内的 277261. 18 元保证金享有足以排除强制执行的民事权益。对某房地产公司多缴存的 20400 元，因该笔款项并不属于保证金，不享有排除强制执行的民事权益，故对法院扣划的 302565. 32 元中的 277261. 18 元依法应停止执行。本案作为执行异议之诉案件，不涉及撤销或改变具体执行措施，某银行凯里金泉支行要求中止执行（2017）浙 1081 执 652 号执行裁定书，暂缓支付已扣划的保证金，并要求判决退还被扣划的 302565. 32 元，均不属执行异议之诉的审理范围，在本案中不予审查。

浙江省温岭市人民法院依照《中华人民共和国物权法》第二百一十条、第二百一十二条，《最高人民法院关于适用〈中华人民共和国担保法〉若干问题的解释》第八十五条，《中华人民共和国民事诉讼法》第二百二十七条和《最高人民法院关于适用〈中华人民共和国民事诉讼法〉的解释》第二百四十条、第三百一十二条第一款第（一）项及第二款之规定，作出如下判决：

一、原告某银行凯里金泉支行对第三人某房地产公司账户（账号为×××）内的 277261. 18 元保证金享有质权；

二、不得执行第三人某房地产公司（账号为×××）内的保证金 277261. 18 元；

三、驳回原告某银行凯里金泉支行的其他诉讼请求。

【法官后语】

一、账户内的资金是否享有质权的司法认定

金钱作为特殊的动产质押须具备以下要件：一是双方当事人要签订质押合同，有将金钱作为质押的意思表示；二是要对质押物的金钱进行特定化，并移交债权人占有。

1. 质押合意形式的司法认定

设立质权，当事人应当采用书面形式订立质押合同。质押合同一般包括下列条款：被担保债权的种类和数额，债务人履行债务的期限，质押财产的名称、数量等情况，担保的范围，质押财产交付的时间、方式等。司法实务中，即使没有单独签订质押合同，双方签订的协议中包含了上述条款的意思表示，也应当认定双方存在质押合意。

2. 质押账户资金特定化的司法认定

账户特定化后仍然存在资金浮动的问题，保证金账户的特定化并非固定化，账户资金在使用过程中，资金余额变化与担保业务实际发生情况相关联，资金余额虽处于浮动状态，但案涉账户资金浮动均与保证金业务相对应，从转入的保证金看，该账户并没有作为收款账户接收第三方汇款；从支出情况看，该账户的资金变化均用于偿还逾期贷款的债务，并没有作为日常结算账户，向第三人付款。因此，符合上述要求的账户资金符合特定化的要求。

3. 出质金钱是否移交债权人占有的司法认定

质权自出质人交付质押财产时设立，占有是指对物进行控制和管理的事实状态。案涉账户开立在某银行凯里金泉支行，某房地产公司作为账户内资金的所有权人，本应享有自由支配的权利，但根据双方的合作协议约定，未经某银行凯里金泉支行同意，某房地产公司不得动用保证金账户内的资金，但约定按揭贷款逾期后，某银行凯里金泉支行有权直接扣划账户内资金，可见某银行凯里金泉支行取得了账户内资金的实际控制权。

二、对保证金账户享有的质权排除强制执行的规程

1. 质权排除执行的程序指引

质权人发现其质权实现可能受到影响时，应当首先向对质押账户进行冻结、划扣的法院提出执行异议，提交书面的执行异议申请书。异议成立的，质权人申请法院解除查封、退还已扣划的资金。异议不成立的，对审查结果不认可的，依法提取执行异议之诉。

2. 质权能否排除执行的分歧

质权能否排除执行，在实践中仍然存在争议，最高人民法院就相同类型的案件亦存在不同的裁判结果，如（2019）最高法民申4334号民事裁定、最高人民法院2016年第10期的公报案例、（2019）最高法民再198号民事判决。笔者认为，案外人就执行标的享有足以排除强制执行的民事权益的，不得执行该执行标的，质权属于担保物权，足以排除另案债权的强制执行。

3. 质权排除执行的具体方式

质权排除执行的具体方式取决于异议成立时，具体执行措施所处的阶段，也取决于异议成立时，对应的是执行环节的执行异议流程还是审判环节的执行异议之诉。因冻结、扣划均属于具体的执行措施，向执行法官申请，可以直接撤销或改变具体的执行措施，而执行异议之诉系对执行异议的决定不服提起的诉讼程序，质权人只能要求停止具体执行措施的推进，而不能直接要求撤销或改变具体的执行措施。

4. 出具书面保函先行返还的可行性论证

金融机构出具书面担保函是先行返还保证金的前置要件，如果金融机构在执行阶段提出执行异议，异议成立的，即使当事人提起执行异议之诉，也应当允许金融机构出具书面保函承担败诉责任及相应赔偿责任，在相关异议处理结束前将已扣划的保证金先行返还；异议不成立的，金融机构要求通过出具保函的形式主张先行返还的，法院不应予以支持。

编写人：浙江省温岭市人民法院　陈泳滨

31

请求追加“被追加的”被执行人的合伙人无法律依据

——边某萍诉冯某恩等执行异议之诉案

【案件基本信息】

1. 裁判书字号

最高人民法院（2021）最高法民申 6402 号民事裁定书

2. 案由：执行异议之诉

3. 当事人

原告（上诉人、再审申请人）：边某萍

被告（被上诉人、被申请人）：冯某恩

第三人：甲投资管理中心、乙投资管理中心、丙投资管理公司、丁能源科技公司、戊能源投资公司、庚股权投资中心

【基本案情】

甲投资管理中心系有限合伙企业，成立于 2013 年 8 月 15 日，其中，冯某恩为有限合伙人，丙投资管理公司为普通合伙人。合伙协议载明，冯某恩认缴出资 100 万元，实缴出资 100 万元。《认缴出资确认书》载明，冯某恩以货币的方式出资 100 万元，出资时间为 2013 年 8 月 5 日，上有冯某恩的签字和丙投资管理公司的公章。

2016 年 12 月 26 日，北京仲裁委员会对边某萍与乙投资管理中心、丙投资管理公司、丁能源科技公司、戊能源投资公司、庚股权投资中心仲裁一案作出（2016）京仲裁字第 1890 号裁决书，裁决：解除边某萍与乙投资管理中心、丙投资管理公司 2015 年 11 月 28 日签订的三份《合伙协议》；乙投资管理中心偿

还边某萍本金342万元、截至2016年5月31日的利息209971.1元及以342万元本金为基数的利息（自2016年6月1日起至实际付清之日止），丙投资管理公司、丁能源科技公司、戊能源投资公司及庚股权投资中心对上述款项承担连带责任。

2017年2月15日，边某萍以该裁决书为依据向北京市第三中级人民法院申请执行，北京市第三中级人民法院以（2017）京03执173号立案强制执行。后边某萍向法院申请追加甲投资管理中心作为被执行人，法院作出（2017）京03执异140号执行裁定书，裁定驳回边某萍的申请，后边某萍提起执行异议之诉，遂形成（2017）京03民初365号案件。2018年10月18日，北京市第三中级人民法院（2017）京03民初365号民事判决书判决“追加被告甲投资管理中心为被执行人并在500万元的本息范围内，对北京市第三中级人民法院（2017）京03执173号案件中第三人丁能源科技公司的还款义务承担补充赔偿责任”。

后申请人边某萍以冯某恩对甲投资管理中心出资不实为由向执行法院申请追加冯某恩为被执行人，北京市第三中级人民法院作出（2019）京03执异280号执行裁定书，裁定驳回边某萍的请求。边某萍不服向法院提起执行异议之诉，遂形成本案。

【案件焦点】

边某萍再次主张被生效判决追加为被执行人的甲投资管理中心的合伙人冯某恩为被执行人是否有法律依据。

【法院裁判要旨】

北京市第三中级人民法院经审理认为：《最高人民法院关于民事执行中变更、追加当事人若干问题的规定》[①] 第三十二条规定：“被申请人或申请人对执

---

① 《最高人民法院关于民事执行中变更、追加当事人若干问题的规定》已经于2020年12月29日修改，于2021年1月1日实施。本书收录的部分案例裁判于该文件修改之前，适用的是当时有效的条文，下文将不再对此进行提示。

行法院依据本规定第十四条第二款、第十七条至第二十一条规定作出的变更、追加裁定或驳回申请裁定不服的，可以自裁定书送达之日起十五日内，向执行法院提起执行异议之诉。被申请人提起执行异议之诉的，以申请人为被告。申请人提起执行异议之诉的，以被申请人为被告。”北京市第三中级人民法院于2019 年 4 月 28 日作出（2019）京 03 执异 280 号执行裁定书，裁定驳回边某萍申请追加冯某恩为被执行人的请求，边某萍于 2019 年 5 月 5 日收到该裁定书，现边某萍以冯某恩为被告于 2019 年 5 月 16 日向法院提交起诉状提起执行异议之诉，符合上述法律及司法解释的规定。

在（2017）京 03 执 173 号案件中，被执行人为丙投资管理公司、丁能源科技公司、戊能源投资公司、乙投资管理中心及庚股权投资中心。后因甲投资管理中心未按期足额向丁能源科技公司缴纳出资，生效判决已确认追加甲投资管理中心为被执行人并在 500 万元的本息范围内，对（2017）京 03 执 173 号案件中第三人丁能源科技公司的还款义务承担补充赔偿责任。现边某萍再次主张被生效判决追加为被执行人的甲投资管理中心的合伙人冯某恩为被执行人是否有法律依据系本案的争议焦点。

《最高人民法院关于民事执行中变更、追加当事人若干问题的规定》第十四条第二款规定：“作为被执行人的有限合伙企业，财产不足以清偿生效法律文书确定的债务，申请执行人申请变更、追加未按期足额缴纳出资的有限合伙人为被执行人，在未足额缴纳出资的范围内承担责任的，人民法院应予支持。”按照上述规定，作为被执行人的未按期足额缴纳出资的有限合伙人可以被追加为被执行人，但该有限合伙人被追加为被执行人后，能否无限制追加出资人，目前尚无明确法律规定，考虑到目前变更、追加被执行人制度中当事人救济程序的不完善，应对该规定进行严格解释。因甲投资管理中心未按期足额向丁能源科技公司缴纳出资，另案生效判决已支持了边某萍追加甲投资管理中心为（2017）京 03 执 173 号案件被执行人的情况下，边某萍再次起诉主张追加甲投资管理中心的有限合伙人冯某恩为（2017）京 03 执 173 号案件被执行人，不应适用上述规定，其诉讼请求无法律依据，法院不予支持。

北京市第三中级人民法院依据《最高人民法院关于民事执行中变更、追加当事人若干问题的规定》第十四条、第三十二条，《中华人民共和国民事诉讼法》第一百四十四条之规定，作出如下判决：

驳回原告边某萍的全部诉讼请求。

边某萍不服一审判决，提起上诉。北京市高级人民法院经审理认为：经边某萍申请，法院已经依据《最高人民法院关于民事执行中变更、追加当事人若干问题的规定》第十七条“……申请执行人申请变更、追加未缴纳或未足额缴纳出资的股东、出资人或依公司法规定对该出资承担连带责任的发起人为被执行人，在尚未缴纳出资的范围内依法承担责任的，人民法院应予支持”的规定，追加甲投资管理中心为被执行人，在未履行的出资额范围内对（2016）京仲裁字第 1890 号裁决确定的丁能源科技公司债务不能清偿的部分承担补充赔偿责任。现边某萍申请追加冯某恩为本案的被执行人，法院认为，冯某恩既不是（2016）京仲裁字第 1890 号仲裁案件中确认的债务人，也不是丁能源科技公司的股东，不属于前述规定的适用范围，故边某萍关于依据《最高人民法院关于民事执行中变更、追加当事人若干问题的规定》第十四条第二款的规定追加冯某恩为被执行人的上诉请求，与法律规定不符，法院不予支持。一审判决认定事实清楚，适用法律正确，应予维持。

北京市高级人民法院依据《中华人民共和国民事诉讼法》第一百六十九条第一款、第一百七十条第一款第（一）项之规定，判决如下：

驳回上诉，维持原判。

边某萍不服二审判决，申请再审。最高人民法院同意一审、二审的裁判意见，裁定驳回边某萍的再审申请。

【法官后语】

执行程序中追加被执行人是一种兼顾程序效益和程序公正的选择，有其独特的价值。但另一方面，考虑到民事执行的性质在执行程序中直接对当事人追加时也应当有所限制，从而使得执行程序中当事人的追加能够最大限度地与通过民事审判程序所确定的实体权利义务关系相一致。对是否追加被执行人的裁定不服，可以提起执行异议之诉，由审判程序进行审查。执行程序及执行异议之诉程序中追加被执行人是特定情形下对执行依据义务履行主体的扩张，应当严格遵照法律及司法解释关于追加被执行主体的相关规定。

一、追加被执行人应当秉持法定原则

《最高人民法院关于民事执行中变更、追加当事人若干问题的规定》第一条规定，“执行过程中，申请执行人或其继承人、权利承受人可以向人民法院申请变更、追加当事人。申请符合法定条件的，人民法院应予支持”。可见，司法解释开宗明义地指出，变更、追加当事人应当坚持法定原则，申请变更、追加执行当事人的事由须符合《最高人民法院关于民事执行中变更、追加当事人若干问题的规定》中的法定事由。

《最高人民法院关于民事执行中变更、追加当事人若干问题的规定》第十四条规定，“作为被执行人的合伙企业，不能清偿生效法律文书确定的债务，申请执行人申请变更、追加普通合伙人为被执行人的，人民法院应予支持。作为被执行人的有限合伙企业，财产不足以清偿生效法律文书确定的债务，申请执行人申请变更、追加未按期足额缴纳出资的有限合伙人为被执行人，在未足额缴纳出资的范围内承担责任的，人民法院应予支持”。通过上述规定可知，追加合伙企业的合伙人为被执行人需满足以下三个条件：作为被执行人的合伙企业；不能清偿生效法律文书确定的债务；普通合伙人或未按期足额缴纳出资的有限合伙人。

1. 作为被执行人的合伙企业

被执行人从性质上分为两种：一种是原被执行人，即依据基础的法律关系经生效法律文书所确定的被执行人；另一种是被追加的被执行人，即因作为原被执行人的公司的股东未缴纳或未足额缴纳出资、抽逃出资或因作为原被执行人的合伙企业的普通合伙人和有限合伙人未按时足额出资时，法院依法追加该股东或合伙人为被执行人。因原被执行人与被追加的被执行人是不同的执行对象，且执行对象所承担的法律责任也不相同，故原被执行人与被追加的被执行人的性质不同，是两个不同的被执行人。《最高人民法院关于民事执行中变更、追加当事人若干问题的规定》第十四条规定中的作为被执行人的合伙企业应理解为“作为原被执行人的合伙企业”，对被执行人作限制性解释。故追加“被追加的”被执行人的有限合伙企业的有限合伙人无法律依据，不应支持。

2. 不足以清偿生效法律文书确定的债务

生效法律文书所确定的债务从性质上亦包含两种：一种是基础的债权债务关系所产生的生效法律文书确认的债务；一种是经过变更、追加被执行人程序所产生的生效法律文书确定的债务。前者不包括因未缴纳或未足额缴纳出资、抽逃出资、未依法出资即转让股权、资产混同、未经清算即办理注销登记而被追加为被执行人时所依法承担相应的连带责任所产生的债务。《最高人民法院关于民事执行中变更、追加当事人若干问题的规定》第十四条规定中的“不足以清偿生效法律文书确定的债务”应理解为经生效法律文书确认的基础债权债务，并不包含追加被执行人后所产生的在一定范围内承担连带清偿的债务，即对“不足以清偿生效法律文书确定的债务”中的“债务”亦应作限制性解释。故“被追加的”被执行人的有限合伙企业，并不存在“不足以清偿生效法律文书确定的债务”的情形，申请人请求追加“被追加的”被执行人的有限合伙企业的有限合伙人为被执行人，无法律依据，亦不应支持。

3. 具体到本案的法律适用

本案中，边某萍主张依据《最高人民法院关于民事执行中变更、追加当事人若干问题的规定》第十四条第二款“作为被执行人的有限合伙企业，财产不足以清偿生效法律文书确定的债务，申请执行人申请变更、追加未按期足额缴纳出资的有限合伙人为被执行人，在未足额缴纳出资的范围内承担责任的，人民法院应予支持”的规定，请求追加甲投资管理中心的有限合伙人冯某恩为被执行人，边某萍的主张是否有符合上述司法解释的规定，正是争议的焦点所在。首先，在生效法律文书（2016）京仲裁字第1890号裁决执行过程中，经申请执行人的申请，法院已经依据《最高人民法院关于民事执行中变更、追加当事人若干问题的规定》第十七条“申请执行人申请变更、追加未缴纳或未足额缴纳出资的股东、出资人或依公司法规定对该出资承担连带责任的发起人为被执行人，在尚未缴纳出资的范围内依法承担责任的，人民法院应予支持”的规定，追加甲投资管理中心为被执行人，在甲投资管理中心未履行的出资额范围内对（2016）京仲裁字第1890号裁决确定的丁能源科技公司债务不能清偿的部分承担补充赔偿责任。其次，本案甲投资管理中心并非最初生效法律文书（2016）京仲裁字第1890号裁决书所确定的债务人，亦并非法院最初依据（2016）京仲裁字第1890号裁决书而采取执行措施的（2017）京03执173号案件的原被执行人，即甲投资管理中心系“被追加”的被执行人，故边某萍申请追加甲投资管理中心的有限合伙人冯某恩为被执行人的请求，不符合上述司法解释规定的“作为被执行人的合伙企业”和“财产不足以清偿生效法律文书确定的债务”两个法定条件，不应支持。

二、类似执行异议之诉案件处理的思路

根据《最高人民法院关于民事执行中变更、追加当事人若干问题的规定》中第十四条至第二十一条的规定，追加、变更被执行人异议之诉涉及的情形有以下七种：1. 作为被执行人的合伙企业，不能清偿生效法律文书确定的债务，申请执行人申请变更、追加普通合伙人为被执行人；2. 作为被执行人的有限合伙企业，财产不足以清偿生效法律文书确定的债务，申请执行人申请变更、追加未按期足额缴纳出资的有限合伙人为被执行人，在未足额缴纳出资的范围内承担责任；3. 作为被执行人的营利法人，财产不足以清偿生效法律文书确定的债务，申请执行人申请变更、追加未缴纳或未足额缴纳出资的股东、出资人或依公司法规定对该出资承担连带责任的发起人为被执行人，在尚未缴纳出资的范围内依法承担责任；4. 作为被执行人的营利法人，财产不足以清偿生效法律文书确定的债务，申请执行人申请变更、追加抽逃出资的股东、出资人为被执行人，在抽逃出资的范围内承担责任；5. 作为被执行人的公司，财产不足以清偿生效法律文书确定的债务，其股东未依法履行出资义务即转让股权，申请执行人申请变更、追加该原股东或依公司法规定对该出资承担连带责任的发起人为被执行人，在未依法出资的范围内承担责任；6. 作为被执行人的一人有限责任公司，财产不足以清偿生效法律文书确定的债务，股东不能证明公司财产独立于自己的财产，申请执行人申请变更、追加该股东为被执行人，对公司债务承担连带责任；7. 作为被执行人的公司，未经清算即办理注销登记，导致公司无法进行清算，申请执行人申请变更、追加有限责任公司的股东、股份有限公司的董事和控股股东为被执行人，对公司债务承担连带清偿责任。

在处理上述七种追加、变更被执行人异议之诉的审判程序中，应严格适用法定原则，追加、变更被执行人仅限于对基础债权债务生效法律文书所确定的债务，在裁定或判决已追加股东或合伙人为被执行人并责令其在未缴纳出资、未足额出资、抽逃出资、财产混同和未依法清算范围内承担连带清偿责任后，如果被追加的股东公司、合伙企业的财产不足以清偿生效法律文书确定的连带债务，申请追加“被追加的被执行人”的股东或合伙人，属于无法律依据，均不符合上述七种变更、追加被执行人的情形。总之，法院在处理执行异议之诉案件中，仅能追加对执行依据即生效法律文书所确认的被执行人负有连带承担义务的股东或合伙人，不能无限次追加。

编写人：北京市第三中级人民法院　张玉娜　单海涛

32

终结本次执行程序后，当事人、利害关系人提出追加被执行人的申请

——某物业公司与某百货公司执行异议案

【案件基本信息】

1. 裁判书字号

新疆维吾尔自治区克拉玛依市中级人民法院（2020）新02执复议9号执行裁定书

2. 事由：执行异议纠纷

3. 当事人

复议申请人（申请执行人）：某物业公司

被执行人：某百货公司

【基本案情】

2017年12月11日，新疆维吾尔自治区克拉玛依市克拉玛依区人民法院作出（2017）新0203民初2685号民事判决，判决某百货公司向某物业公司支付物业费等合计728028.39元。后该案进入执行程序，双方达成执行和解后，法院作出裁定终结执行。2019年10月23日因某百货公司未履行执行和解协议，经某物业公司向法院申请，该案恢复执行。恢复执行后，法院进行了财产调查，因未能发现某百货公司有可供执行的财产，于2019年12月5日作出（2019）新0203执恢135号之二执行裁定书，裁定对于该案终结本次执行程序。2020年9月9日，某物业公司提出执行异议，申请追加某百货公司的两名股东为本案被执行人。

【案件焦点】

执行法院裁定终结本次执行程序后，当事人、利害关系人是否有权提出追加被执行人的申请。

【法院裁判要旨】

新疆维吾尔自治区克拉玛依市克拉玛依区人民法院经审理认为：根据《最高人民法院关于人民法院办理执行异议和复议案件若干问题的规定》第六条第一款规定，当事人、利害关系人依照民事诉讼法第二百二十五条规定提出异议的，应当在执行程序终结之前提出，但对终结执行措施提出异议的除外。本案中，异议人某物业公司在终结执行程序过去半年多以后才向法院提出异议申请，且该申请事项系变更、追加申请人，不符合受理条件。

新疆维吾尔自治区克拉玛依市克拉玛依区人民法院依照《最高人民法院关

于人民法院办理执行异议和复议案件若干问题的规定》第二条规定，裁定如下：

对异议人某物业公司的异议申请，本院不予受理。

某物业公司不服该异议裁定，申请复议。新疆维吾尔自治区克拉玛依市中级人民法院经审理认为：最高人民法院《关于执行案件立案、结案若干问题的意见》第九条规定，申请执行人申请追加、变更被执行人的，人民法院应当按照执行异议案件予以立案。因此在本案中，申请执行人某物业公司通过执行异议程序提出追加或变更被执行人的申请符合规定。另外，最高人民法院《关于严格规范终结本次执行程序的规定（试行）》第九条规定，终结本次执行程序后，申请执行人发现被执行人有可供执行财产的，可以向执行法院申请恢复执行。申请恢复执行不受申请执行时效期间的限制。第十条规定，终结本次执行程序后，发现被执行人有可供执行财产，不立即采取执行措施可能导致财产被转移、隐匿、出卖或者毁损的，执行法院可以依申请执行人申请或依职权立即采取查封、扣押、冻结等控制性措施。由此可知，终结本次执行程序只是执行案件在特殊情况下的程序暂停，并可以暂时作结案处理，出现符合恢复执行的条件后，应当依法随时恢复执行，并非实质意义的程序终结或案件终结，和法定的案件终结有着本质区别。同时，按照上述规定，在出现新的线索或财产后，终结本次程序案件可以随时恢复执行。而出现新的被执行人，正属于可以导致终结本次执行程序恢复的情形。因此，不能以案件已经终结本次执行程序来排除申请执行人依法行使申请变更或追加被执行人的权利。本案中，新疆维吾尔自治区克拉玛依市克拉玛依区人民法院实际上已经立案受理了申请执行人的执行异议申请，并以执行异议程序进行审查，其裁定不予受理违反程序，不予受理所依据的理由亦不能成立，应当依法予以撤销。

新疆维吾尔自治区克拉玛依市中级人民法院依据《中华人民共和国民事诉讼法》第二百二十五条和《最高人民法院关于人民法院办理执行异议和复议案件若干问题的规定》第二十三条第一款第（四）项、第（五）项规定，裁定如下：

一、撤销新疆维吾尔自治区克拉玛依市克拉玛依区人民法院异议裁定；

二、发回新疆维吾尔自治区克拉玛依市克拉玛依区人民法院重新审查。

【法官后语】

《中华人民共和国民事诉讼法》及相关司法解释规定，执行异议，分为对执行行为的异议和对执行标的的异议。执行行为异议，是指在执行过程中，当事人、利害关系人认为执行法院的执行行为违反法律或者司法解释规定的，可以向执行法院提出执行行为异议。而执行标的异议，即案外人异议，是指在执行过程中，案外人对执行标的主张所有权或者其他足以排除执行标的的转让、交付的实体权利的，可以向执行法院提出案外人异议。两类执行异议均要求在执行过程中，可以向执行法院提出。一审、二审法院对"执行过程中"的不同理解导致不同的裁定结果。本案执行异议与执行复议查明事实一致，但基于对法律的不同认识和理解，针对同一争议焦点得出不同的结论。最高人民法院《关于严格规范终结本次执行程序的规定（试行）》第九条规定，"终结本次执行程序后，申请执行人发现被执行人有可供执行财产的，可以向执行法院申请恢复执行。申请恢复执行不受申请执行时效期间的限制……"，第十条规定，"终结本次执行程序后，发现被执行人有可供执行财产，不立即采取执行措施可能导致财产被转移、隐匿、出卖或者毁损的，执行法院可以依申请执行人申请或依职权立即采取查封、扣押、冻结等控制性措施"。由此可知，终结本次执行程序只是执行案件在特殊情况下的程序暂停，并可以暂时作结案处理，出现符合恢复执行的条件后，应当依法随时恢复执行，并非实质意义的程序终结或案件终结，和法定的案件终结有着本质区别。同时，按照上述规定，在出现新的线索或财产后，终结本次程序案件可以随时恢复执行。而出现新的被执行人，正属于可以导致终结本次执行程序恢复的情形。因此，不能以案件已经终结本次执行程序来排除申请执行人依法行使申请变更或追加被执行人的权利；不能以终结本次执行程序就否定"执行过程中"。故对"执行过程中"应当作广义理解，不能以技术性结案剥夺权利人的异议权利。本案中，新疆维吾尔自治区克拉玛依市克拉玛依区人民法院实际上已经立案受理了申请执行人的执行异议申请，并以执行异议程序进行审查，其裁定不予受理违反程序，不予受理所依据的理由亦不能成立，应当依法予以撤销。某物业公司的追加申请是在终结本次执行裁定后提出，虽然请求是否符合法律规定尚不能确定，但不影响某物业公司作为当事人申请追加执行主体。

编写人：新疆维吾尔自治区克拉玛依市中级人民法院　陈疆伟

33

三方达成执行和解后一方未完全履行和解协议的处理

——某珠宝公司与杨某天执行异议案

【案件基本信息】

1. 裁判书字号

云南省高级人民法院（2020）云执复216号执行裁定书

2. 事由：执行异议纠纷

3. 当事人

异议人（被执行人、复议申请人）：某珠宝公司

申请执行人：杨某天

【基本案情】

申请执行人杨某天依据昆仲裁（2014）172号裁决书向云南省昆明市中级人民法院申请对某珠宝公司强制执行。该案经终结本次执行程序后恢复执行。某珠宝公司主张其与申请执行人杨某天、第三人某建设公司在执行过程中签订了《三方协议》，约定：三方一致同意由某建设公司支付杨某天款项2185万元，某珠宝公司支付杨某天100万元，合计2285万元等内容。现已支付100万元，某建设公司已支付500万元，其已履行和解协议即《三方协议》中的义

务，故对法院恢复执行不服，提出执行异议，请求终结案件执行，解除对其采取的查封、冻结、扣押、拍卖、限制高消费等所有执行措施。

【案件焦点】

被执行人履行完执行和解协议约定，但第三方未履行完毕，执行案件是否可以终结执行。

【法院裁判要旨】

云南省昆明市中级人民法院经审理认为：根据异议人某珠宝公司的主张，其与申请执行人杨某天以及案外人某建设公司达成《三方协议》，其已履行了约定义务，某建设公司没有履行完毕约定义务。因《三方协议》中的一方当事人并未履行完毕约定的付款义务，故《三方协议》未履行完毕，法院不能对该执行案件作执行结案处理。申请执行人申请恢复执行原生效法律文书，人民法院依法恢复执行并采取查封、冻结、扣押等执行措施符合法律规定。异议人的请求不能成立，应不予支持。

云南省昆明市中级人民法院依据《最高人民法院关于人民法院办理执行异议和复议案件若干问题的规定》第十七条第一款第（一）项，《中华人民共和国民事诉讼法》第二百二十五条之规定，裁定如下：

驳回某珠宝公司异议请求。

某珠宝公司不服执行裁定，提出复议。复议审查期间，某珠宝公司申请撤回复议申请，云南省高级人民法院裁定准许撤回复议申请。

【法官后语】

执行和解制度是民事执行制度的重要组成部分，具有便捷执行方式、简化执行程序、减少执行压力、缓解当事人矛盾、促进社会和谐等作用，是人民法院处理执行案件的重要手段。2018 年 3 月 1 日施行的《最高人民法院关于执行和解若干问题的规定》对执行和解的相关问题作出了规定，司法实践中应准确理解法律规定，把握好执行和解的程序，做到规范执行和解，维护当事人、利害关系人的合法权益。特别要注意以下方面：第一，正确理解执行和解协议的效力。和解协议系当事人之间设立、变更、终止民事权利义务关系的意思自治，其本质是当事人之间的合同关系，对各方具有合同约束力。该合同关系并不是生效法律文书，并不具备强制执行效力。第二，正确运用执行措施。如当事人在完全履行执行和解协议的情况下，申请执行人的权利因合同履行完毕而得以实现，其申请强制执行的权利因此消灭，此时执行案件应作结案处理。而在和解协议未能完全履行的情况下，由于执行和解协议并非生效法律文书，申请执行人可以选择申请恢复执行原生效法律文书或者就履行执行和解协议向执行法院提起诉讼，并不能申请强制执行和解协议约定的内容。

本案中，申请执行人、被执行人、第三人三方达成执行和解协议，在被执行人履行完毕协议约定的义务，第三人未完全履行协议约定义务的情况下，申请人并不能直接申请强制执行第三人，其可以选择申请恢复执行原生效法律文书或提起诉讼。被执行人对恢复执行不服，从程序上来看，根据《最高人民法院关于执行和解若干问题的规定》第十二条的规定，其应提起执行行为异议。故本案通过执行行为异议程序处理是恰当的。从实体上来看，根据《最高人民法院关于执行和解若干问题的规定》第八条的规定，“执行和解协议履行完毕的，人民法院作执行结案处理”。这里规定的“履行完毕”是指和解协议的全部内容履行完毕。现执行案件中一方没有完全履行和解协议，和解协议并未履行完毕，则被执行人申请终结执行案件不能成立。从法理上来看，如果此时执行结案，申请执行人又不能直接申请强制执行案外人，则显然没有保护申请执行人的合法权益，不符合公平正义的司法原则。故不应执行结案，而应根据申请执行人的申请恢复执行。

本案还需厘清以下问题：（1）被执行人已经履行了和解协议约定的其应承担的部分应如何保护。《最高人民法院关于执行和解若干问题的规定》第十七条对该问题的处理作出了规定，即恢复执行后，执行和解协议已经履行部分应当依法扣除。（2）本案中达成和解协议的第三人的责任应如何体现。如前文所述，第三人应受到和解协议这个合同的约束，即申请执行人可以起诉案外人要求其承担合同责任。如果申请执行人提起诉讼，则执行案应根据《最高人民法院关于执行和解若干问题的规定》第十四条的规定处理，在申请执行人就履行执行和解协议提起诉讼，执行法院受理后，可以裁定终结原生效法律文书的执行。

编写人：云南省昆明市中级人民法院　冯丽萍　陈栋

34

执行法院可直接审查执行和解协议之效力

——某制造公司与某电子科技公司执行和解争议案

【案件基本信息】

1. 裁判书字号

江苏省无锡市中级人民法院（2019）苏 02 执复 73 号执行裁定书

2. 事由：执行和解争议

3. 当事人

申请执行人（被申请人）：某制造公司

被执行人（复议申请人）：某电子科技公司

【基本案情】

某制造公司与某电子科技公司买卖合同纠纷一案，江苏省无锡市惠山区人民法院于 2017 年 6 月 8 日作出民事调解书确认：某电子科技公司结欠某制造公司货款 1452525.33 元，应于 2017 年 6 月 30 日前支付 252525.33 元，余款 120 万元自 2017 年 7 月起至 2018 年 1 月于每月 30 日前支付 16 万元，于 2018 年 2 月 5 日支付余款 8 万元，如有一期未按期足额支付，需另支付违约金 20 万元。该民事调解书在履行过程中，某电子科技公司多次未按期足额付款，直至 2018

年5月7日才付清全部货款。2019年1月9日某制造公司向江苏省无锡市惠山区人民法院申请执行，要求某电子科技公司支付违约金20万元。执行案件立案后，某电子科技公司提出异议称，双方在履行民事调解书的过程中就延期付款达成了和解协议，某制造公司同意某电子科技公司只需支付货款本金，免除违约金20万元，后某电子科技公司付清了全部款项，无需再支付违约金20万元，请求法院驳回某制造公司的执行申请。某制造公司认为某电子科技公司多次未按调解书确定的期限足额付款构成违约，应承担民事调解书约定的违约金20万元，某电子科技公司提出的异议没有事实和法律依据。

【案件焦点】

执行过程中，双方当事人就和解协议发生争议，执行法院能否直接审查。

【法院裁判要旨】

江苏省无锡市惠山区人民法院经审理认为：某电子科技公司称已与某制造公司达成了延期付款并免除20万元违约金的和解协议，但根据双方法定代表人与实际负责人微信聊天记录不能直接证明某制造公司同意延期付款并免除违约金，某制造公司申请执行的行为证明某制造公司并未放弃对某电子科技公司违约责任的追究。对某电子科技公司异议所称已与某制造公司达成延期付款合意的问题，属于实体争议，应另行诉讼解决。

江苏省无锡市惠山区人民法院裁定驳回某电子科技公司的异议请求。

某电子科技公司不服该裁定，申请复议。江苏省无锡市中级人民法院经审理认为：本案主要争议是双方在履行调解书过程中有否达成有效和解协议。权利的承认、变更和放弃，必须由当事人作出明确无误的意思表示，某电子科技公司提交的双方公司个人之间的微信聊天记录，仅能反映双方在履行调解书过程中的交流情况，聊天记录中表示对于个人、公司之间所有帐已经清了，是指货款已经结清，而违约金属于惩罚性款项，无法认定某制造公司与某电子科技公司达成了延期履行付款义务、放弃违约金的和解协议；至于某电子科技公司提出的在双方交付货款的过程中从未提及违约金减免事宜，亦不能推定为某制造公司放弃追索违约金。

其次，因本案调解书明确约定违约金事项，双方当事人对于违约金产生争议，不属于案件审结后新发生事实而形成的新的实体权利义务争议，完全可以在执行程序中直接加以审查认定，不存在另行诉讼的问题。

江苏省无锡市中级人民法院依照《最高人民法院关于人民法院办理执行异议和复议案件若干问题的规定》第二十三条第（一）项之规定，裁定如下：

驳回某电子科技公司的复议申请，维持江苏省无锡市惠山区人民法院执行裁定。

【法官后语】

本案的焦点问题是执行过程中当事人就和解协议产生争议，执行法院是否可以进行审查。一审法院认为执行和解争议属于法律文书生效后新发生的事实，新产生的实体权利义务争议，应该通过另行诉讼予以解决，二审法院认为执行和解协议没有成立，执行和解协议之效力可直接在执行程序中加以认定，无需另行诉讼。

笔者认为，执行和解争议的解决模式，因对执行和解性质的认识不同而不同，一般有二种观点：一是基于私法行为说的解决模式，二是基于诉讼行为说的解决模式。

1. 私法行为说下的解决模式。该模式认为，执行和解协议是当事人在没有国家公权力介入的情况下，自行协商处分私权的私法行为，双方签订的和解协议仅具有民法上合同的效力。当事人之间因执行和解协议发生实体争议的，应当通过诉讼解决。

人民法院受理执行案件时，只对申请人的债权请求权进行形式审查，如作为执行依据的法律文书是否生效、义务人是否在法律文书确定的期限内履行义务、法律文书确定的强制执行条件是否成就等，至于该法律文书所载债权在实体上是否存在、是否超过申请强制执行的时效并不进行实质审查。生效法律文书所确定的因违约而产生的违约责任，取决于法律文书生效后发生的事实，即当事人双方在履行生效法律文书过程中是否违约以及违约程度等，属于与案件审结后新发生事实相结合而形成的新的实体权利义务争议，并非简单的事实判断，在未经过当事人双方攻防辩论，亦未经法院审判程序确认，在执行程序中直接予以认定，违反审执分离原则，也缺乏程序的正当性和必要的程序保障。

2. 诉讼行为说下的解决模式。该模式认为，执行和解协议是否成立及是否合法有效，属于执行审查的范围，执行法院有权直接进行审查处理，二审法院认为执行和解协议没有成立，而调解书生效后履行过程中是否存在违约的事实很容易判断，执行程序可以直接认定，不必另行诉讼。

依据《最高人民法院关于人民法院执行工作若干问题的规定（试行）》第八十七条的规定，当事人之间达成的和解协议合法有效并已履行完毕的，人民法院作执行结案处理。在和解协议履行完毕前增加了“和解协议合法有效”的内容。依该条规定，人民法院通过执行和解方式结案的，需要具备“执行和解协议合法有效”与“和解协议履行完毕”两个条件，这说明执行和解协议是否有效亦属于执行审查的范围，执行和解履行中产生的纠纷才通过另行诉讼解决。最高人民法院关于人民法院执行工作若干问题的规定（试行）》已于2020年修订，87条被删掉

笔者认为，二审法院并不认可本案调解书生效后出现了新的事实，虽然有协商的过程，但是没有证据表明双方就延期付款和放弃违约金达成和解协议，某制造公司申请执行20万元违约金的请求并未超出调解书确定的实体权利范围，不属于新的实体权利义务争议，完全可以通过执行异议程序审查作出判定，由此使相当一部分执行和解纠纷在执行程序中直接得以解决，以利于减轻当事人讼累，提高执行效率。

编写人：江苏省无锡市惠山区人民法院　许正平

35

被申请执行人将专用存款账户资金混同后无证据证明专项资金与自有资金相区分的不能阻却法院执行

——某信息系统股份有限公司与某教育局执行异议案

【案件基本信息】

1. 裁判书字号

湖南省长沙市中级人民法院（2021）湘 01 执复 227 号执行裁定书

2. 事由：执行异议纠纷

3. 当事人

申请执行人：某信息系统股份有限公司

被申请执行人：某教育局

【基本案情】

2020 年 3 月 16 日，某教育局被准予开立专用存款账户，账户名称为营养餐保障资金专户。

2020 年 6 月 10 日，湖南省长沙市岳麓区人民法院（以下简称岳麓区人民法院）就原告某信息系统股份有限公司诉被告某教育局买卖合同纠纷一案作出（2020）湘 0104 民初 4917 号民事判决书，判决某教育局自判决生效之日起分期向某信息系统股份有限公司支付货款及相应违约金。因某教育局未主动履行生效文书所确定的义务，某信息系统股份有限公司于 2020 年 10 月 9 日向岳麓区人民法院申请强制执行。

2020 年 12 月 16 日，岳麓区人民法院扣划了被申请执行人某教育局开设的营养餐保障资金专户中 3906731 元款项。据某教育局提供的营养餐保障资金专户银行流水显示，除营养餐经费收支外，还存在教师工资及社会保险、绩效考核奖金、教师生活费、陪餐费、保教费、教育发展经费、生活补助费、学前资助费、困难补助费、学校公用经费、学校运行经费、生活采购、粮油肉菜、办公用品费、水电费、工会经费、甲醛清除费、环保治理费、一次性抚恤金、丧葬费、死亡抚恤金、劳务费、修缮费、校车维修费、食堂维修改造费、指导费、培训费、基层党建示范费、职业年金、防疫经费、出差费等非营养餐专用的收支。其中多笔款项是支付至某人民法院执行案款专户，且有款项支付至某区融资担保有限责任公司，资金流量较为频繁、数额较大。

被申请执行人某教育局提出异议称：1. 营养餐保障资金专户用于各项专项资金收付，资金具有社会保障性、专属性，不应作为被执行账户；2. 被划扣的款项仅由某教育局代被补助义务教育阶段学生管理，最终由被补助义务教育阶段学生享有，不属于某教育局所有，不应用于偿还某教育局其他债务。

申请执行人某信息系统股份有限公司辩称：营养餐保障资金专户资金混同，无法区分资金用途。某区教育局违规使用该账户发放教职工工资、缴纳社会保险等，其行为实际系为了逃避债务利用该账户转移资金。

【案件焦点】

某教育局将开设的营养餐保障资金专户用于工资发放、学校生活支出、支付执行案款等其他支出后，法院能否执行该营养餐保障资金专户中的资金。

【法院裁判要旨】

湖南省长沙市岳麓区人民法院经审理认为：涉案被扣划账户开立为某教育局营养餐保障资金专户，该营养餐保障资金专用账户，应当只能用于支付在校学生营养食品的购置费用，使用该账户时应当专户专用。但从执行法院掌握的该账户银行流水证据可以证实，被申请执行人某教育局在使用该专用账户时未做到专户专用，该账户不仅用于营养餐收支，而且用于工资发放、学校生活支出、支付执行案款等其他非营养餐收支，已经造成了营养餐保障资金专户的资金混同，不能认定为专用账户的专款专用，故异议人（被申请执行人）某教育局的异议请求不应当得到支持。依照《中华人民共和国民事诉讼法》第二百二十五条，《最高人民法院关于人民法院办理执行异议和复议案件若干问题的规定》第五条、第十七条第一款之规定，裁定驳回异议人（被申请执行人）某教育局的异议请求。

某教育局不服岳麓区人民法院作出的（2021）湘0104执异2号执行裁定书，随后向长沙市中级人民法院申请复议。

湖南省长沙市中级人民法院经审理，同意岳麓区人民法院的裁判意见，同时认为银行账户内资金属于种类物，只能按照金融机构开立的账户名称判断是否为被申请执行人所有，某教育局也未能提交证据证明岳麓区人民法院扣划的资金属于代管资金，复议人某教育局提出的异议和复议理由不能成立，并作出（2021）湘01执复227号执行裁定书，驳回某教育局的复议申请，维持岳麓区人民法院作出的（2021）湘0104执异2号执行裁定书。

【法官后语】

部分账户资金因为具有特殊的性质、用途，可以排除法院强制执行。但如果被申请执行人的专项存款账户未做到专款专用，导致账户资金未能特定化，亦即专项存款账户内的专项资金不能与自有资金相区分的，不能以账户系专用存款账户为由阻却法院执行。

本案争议焦点系被申请执行人将专用存款账户作为一般存款账户使用后，对该账户内资金能否执行的问题。根据《人民币银行结算账户管理办法》规定，专用存款账户是存款人按照法律、行政法规和规章，对其特定用途资金进行专项管理和使用而开立的银行结算账户。专用存款账户用于办理各项专用资金的收付。2011年10月，国务院启动实施农村义务教育学生营养改善计划。同年，国务院办公厅发布《关于实施农村义务教育学生营养改善计划的意见》，要求市、县级人民政府将财政补助资金纳入国库管理，实行分账核算，集中支付，专款专用，严禁截留、挤占和挪用。次年，财政部、教育部联合发布《农村义务教育学校学生营养改善计划专项资金管理暂行办法》，进一步明确该经费系中央财政为实施营养改善计划国家试点工作而安排用于学生营养膳食补助的专项资金，应当杜绝各种形式的克扣、截留、挤占和挪用。由于专项资金系国家或有关部门、上级部门下拨行政事业单位具有专门指定用途或特殊用途的财政资金，要求单独核算，专款专用，不能挪作他用，不属于企业或者事业单位的资产，故人民法院通常不能对被申请执行人名下的该类资金及其专用存款账户采取冻结、扣划等强制执行措施。但经查实，某教育局在被准予开立涉案营养餐保障资金专户后，不仅将该账户用于营养餐收支，还同时用于工资发放、支付执行案款等其他非营养餐收支，未做到专户专用，导致其自有资金与用于学生营养膳食补助的专项财政资金相混同。某教育局亦未能提交证据证明执行法院所扣划的资金属于代管资金，故无法阻却法院执行。

货币是特殊的种类物，流通性是其基本属性，“占有即所有”是其基本原则。专用存款账户中的资金是否已经特定化，应根据被申请执行人对于账户资金的占有使用情况、案外人对于账户资金享有的权利的性质，综合认定账户内的资金是否特定化、是否与被申请执行人的其他资金相混同，以妥善平衡申请执行人、被申请执行人与案外人三者之间的权利义务关系。

编写人：湖南省长沙市岳麓区人民法院　李金城　熊瑛

36

关于迟延履行利息减免问题的范围界定

——王某亮与陈某等被执行人执行异议案

【案件基本信息】

1. 裁判书字号

浙江省温岭市人民法院（2020）浙1081执异27号执行裁定书

2. 事由：被执行人执行异议

3. 当事人

异议人（被执行人）：王某亮

申请执行人：陈某

原申请执行人：吴某均

被执行人：叶某红、陈某清

【基本案情】

异议人王某亮提出书面申请，要求：1. 对案件标的先还本后付息；2. 减少罚息12148.15元。原因是2018年法院经办人多次联系原申请人吴某均，因申请人已死亡，一直没联系到。直到2019年3月法院才联系上申请人吴某均的家属，这是原申请人一直没来领钱的原因之一。

浙江省温岭市人民法院在执行过程中查明，原申请执行人吴某均于2017年9月5日死亡，其父吴某均、其母潘某英、其女吴某飒均放弃继承，陈某自愿继承，无其他继承人。陈某于2020年3月24日向本院书面申请变更申请执行人，本院于2020年3月27日作出（2019）浙1081执异16号执行裁定，变更申请人陈某为本院（2015）台温执民字第978号案件的申请执行人。

又查明，根据生效判决确定的计算标准，截至2017年9月30日，被执行人应支付的迟延履行利息为27457.37元。截至2020年3月14日，被执行人应支付的迟延履行利息为51820.96元。两者差距24363.59元。

【案件焦点】

1. 借款本金、一般债务利息、迟延履行利息的偿还顺序问题；2. 迟延履行利息的减免问题。

【法院裁判要旨】

浙江省温岭市人民法院经审理认为，关于借款本金、一般债务利息、迟延履行利息的偿还顺序问题，根据《最高人民法院关于适用〈中华人民共和国合同法〉若干问题的解释（二）》[①] 第二十一条和《最高人民法院关于执行程序中计算迟延履行期间的债务利息适用法律若干问题的解释》第四条的规定，本

---

① 现已失效。

案中，双方当事人并未就借款本金、一般债务利息、迟延履行利息的偿还顺序进行约定，故该院依法按照一般债务利息、借款本金、迟延履行利息的顺序确定执行款的偿还顺序并无不当。

关于迟延履行利息的减免问题。根据《最高人民法院关于执行程序中计算迟延履行期间的债务利息适用法律若干问题的解释》第三条第（三）款的规定，非因被执行人的申请，对生效法律文书审查而中止或者暂缓执行的期间及再审中止执行的期间，不计算加倍部分债务利息。又根据《中华人民共和国民法总则》第六条的规定，民事主体从事民事活动，应当遵循公平原则，合理确定各方的权利和义务。迟延履行利息是对被执行人不履行生效法律文书所确定义务的惩罚性措施，其前提是被执行人不主动履行，符合法定情形的，可以停止计算迟延履行利息。本案中，现申请执行人陈某在原申请执行人吴某均于2017 年 9 月 5 日死亡后的两年半时间内一直未申请变更申请执行人，明显系怠于行使自身的权利，导致法院不得不中止执行。故该院认为参照前述规定，在扣除原申请执行人吴某均于 2017 年 9 月 5 日死亡当月时间后，对剩余时间产生的迟延履行利息 24363. 59 元由双方各半承担较为合适。目前被执行人王某亮已支付剩余时间产生的迟延履行利息 12215. 44 元，已占比 50. 14%。故该院对异议人本项请求予以支持，即截至 2020 年 3 月 14 日的剩余部分迟延履行利息12148. 15 元由现申请执行人陈某承担。为此，依照《最高人民法院关于人民法院办理执行异议和复议案件若干问题的规定》第十七条的规定，裁定如下：

一、截至 2020 年 3 月 14 日的剩余部分迟延履行利息 12148. 15 元由现申请执行人陈某承担，其余迟延履行利息仍由被执行人承担；

二、驳回王某亮的其他异议请求。

【法官后语】

本案存在两个争议焦点。第一个焦点是借款本金、一般债务利息、迟延履行利息的偿还顺序问题。关于这个问题，在现行法律规定中已有明确规定，不存在可争议范围，在此不再赘述。

第二个焦点是迟延履行利息的减免问题。要想搞清楚这一问题，首先需要明确迟延履行利息的定义。根据《中华人民共和国民事诉讼法》第二百六十条的规定可知，迟延履行金是指被执行人因有履行能力而故意不履行所被强制赋予的惩罚性义务。由此衍生出如果是非因被执行人原因导致债务非按期履行的利息计算这一问题。由于《中华人民共和国民法典》第五百八十九条第二款对这一问题有相关规定，但本案的判决时间是在《中华人民共和国民法典》出台之前，故接下来从《中华人民共和国民法典》出台前后两个角度来剖析这个问题。

在《中华人民共和国民法典》出台之前，现行法律未对非因被执行人原因造成迟延履行的债务利息进行明确约定，只在《最高人民法院关于执行程序中计算迟延履行期间的债务利息适用法律若干问题的解释》第三条第三款规定：非因被执行人的申请，对生效法律文书审查而中止或者暂缓执行的期间及再审中止执行的期间，不计算加倍部分债务利息。从这一规定中可以看出被执行人不需要因为非本人的过失承担加倍利息的惩罚责任，但对于因债务本身产生的利息是否继续履行未作规定。根据民事判决的规定，“责令叶某红、陈某清偿还给吴某均借款18万元并支付自2013年6月4日起按月利率1%的标准计算至实际履行之日止的利息；王某亮对上述款项承担连带责任”，可知，债务利息计算的截止时间是到实际履行之日，这是对债务人未及时履约的惩罚也是对债权人权利的保护。因此，从公平原则出发，应认定这段时间的债务利息仍需由被执行人承担。

在《中华人民共和国民法典》出台之后，其第五百八十九条第二款明确规定：在债权人受领延迟期间，债务人无须支付利息。这一条款虽然是规定民事主体的违约责任，但是在执行相关法条未对这部分内容进行明确规定时，这一条款规定也可适用于执行工作中。这一条款是对于债权人怠于行使自己的权利，故意或者过失造成债务履行拖延的条款，因这一部分的利息损失是由债权人不积极主张自身权利所造成的。在之前的相关民商事法律条款中，未出现债务人利息免除的相关条款。这也导致在实践中，出现因债权人原因，债务人无法履约而持续支付利息的情况。这既会损害债务人的合法权益，也会助长部分债权人为获取利息而恶意拖延受领的情况。因此，这一条款明确规定只要是因受领人原因导致债务人无法履约的，债务人无须支付利息。在本案中，因申请人死亡，继承人未及时申报，导致被执行人无法履行义务。债务未履行的原因主要在于申请人未及时行使变更主体的权利，债务人不需要承担这段时间的利息。

《中华人民共和国民法典》出台前后，本案的判决结果出现不同。原因主要在于《中华人民共和国民法典》强调了债权人的义务，不再将债务履行的义务单方面赋予债务人，而是认为债务的履行是债务人与债权人双方共同作用的结果。法律只保护当事人的合法利益，不会因为一方的过失而加重另一方的责任。

编写人：浙江省温岭市人民法院　汪德锋

浙江省台州市中级人民法院　张双双

37

被执行人以执行程序开始前达成和解协议且已履行完毕为由，向执行法院提出终结生效法律文书执行的，应予支持

——李某来与姚某建、王某梅执行复议案

【案件基本信息】

1. 裁判书字号

陕西省咸阳市中级人民法院（2021）陕 04 执复 50 号执行裁定书

2. 案由：执行复议纠纷

3. 当事人

复议申请人（申请执行人）：李某来

被执行人：姚某建、王某梅

【基本案情】

李某来与姚某建、王某梅民间借贷纠纷一案，陕西省泾阳县人民法院经审

理后，于2016年10月24日作出（2016）陕0423民初919号民事判决，判决由姚某建、王某梅于判决生效后十日内向李某来归还借款70000元。该判决于2017年1月10日生效。案件生效后李某来在法定期限内申请了强制执行。2018年1月6日，姚某建、王某梅之子姚某与申请执行人李某来达成《债务清偿协议书》，协议约定“1. 甲方（姚某）一次性拿出24000元（贰万肆仟元整）代父偿还所欠乙方（李某来）的所有债务，乙方向甲方交回所有票据（包含所有原件及复印件），自协议生效后，乙方再拿出的所有票据（包含所有原件及复印件）甲方一概不承认。2. 自协议生效后，甲乙双方再无任何债务关系（指甲方本人及所有家庭成员），如乙方再拿所谓的票据向司法机关起诉，甲方有权以此协议为依据反诉乙方敲诈……”泾阳县云阳镇人民政府某村民委员会在该协议上盖有公章。姚某支付申请执行人李某来24000元。后李某来向陕西省泾阳县人民法院申请强制执行生效判决。执行过程中，陕西省泾阳县人民法院对被执行人银行账户进行冻结。因未发现被执行人有其他可供执行财产。陕西省泾阳县人民法院与李某来通过终本约谈的方式，要求其提供姚某建、王某梅其他可供执行的财产线索，其表示暂时不能提供财产线索。陕西省泾阳县人民法院于2021年2月26日作出（2020）陕0423执960号执行裁定书，终结本次执行程序。

【案件焦点】

被执行人以执行程序开始前达成和解协议且已履行完毕为由，向执行法院提出终结生效法律文书执行的，是否应予支持。

【法院裁判要旨】

陕西省泾阳县人民法院经审理认为：当事人可以自愿协商达成和解协议，依法变更生效法律文书确定的权利义务主体、履行标的、期限、地点和方式等内容。姚某建、王某梅之子姚某提供了其与申请执行人李某来自行达成的和解协议。申请执行人李某来对该协议的真实性认可，也认可姚某已按照和解协议给付24000元的事实。李某来关于和解协议不能对抗法院判决，法院不予采纳。

如申请执行人李某来认为该和解协议无效或者应予撤销，可以另案诉讼。依照相关法律规定，裁定如下：

终结（2016）陕 0423 民初 919 号民事判决书的执行。

李某来不服该执行裁定，申请复议。陕西省咸阳市中级人民法院经审理认为：《最高人民法院关于执行和解若干问题的规定》第一条规定，当事人可以自愿协商达成和解协议，依法变更生效法律文书确定的权利义务主体、履行标的、期限、地点和方式等内容。和解协议一般采用书面形式。第十九条规定，“执行过程中，被执行人根据当事人自行达成但未提交人民法院的和解协议，或者一方当事人提交人民法院但其他当事人不予认可的和解协议，依照民事诉讼法第二百二十五条规定提出异议的，人民法院按照下列情形，分别处理：（一）和解协议履行完毕的，裁定终结原生效法律文书的执行……”结合本案，姚某建、王某梅之子姚某提供了其与申请执行人李某来自行达成的和解协议。申请执行人李某来对该协议的真实性认可，也认可被执行人之子姚某已按照和解协议给付 24000 元的事实。李某来若认为该和解协议存在无效或者应予撤销情形，可另案诉讼，原审查法院依据上述规定裁定终结（2016）陕 0423 民初 919 号民事判决书的执行并无不当。

陕西省咸阳市中级人民法院根据《最高人民法院关于人民法院办理执行异议和复议案件若干问题的规定》第二十三条之规定，裁定如下：

驳回李某来的复议请求，维持陕西省泾阳县人民法院执行裁定。

【法官后语】

1. 关于案涉《债务清偿协议书》的性质

案涉《债务清偿协议书》系申请执行人与申请执行人认可的被执行人之子在执行程序开始前自行达成的和解协议，属于执行外和解协议。与执行和解协议相比，执行外和解协议不能自动对人民法院的强制执行产生影响，当事人仍然有权向人民法院申请强制执行。故李某来依然有权向人民法院申请强制执行，被执行人以当事人自行达成的《和解协议书》已履行完毕为由提出执行异议的，人民法院可参照《最高人民法院关于执行和解若干问题的规定》第十九条的规定对和解协议的效力及履行情况进行审查，进而确定是否应终结执行。

2. 关于案涉《债务清偿协议书》的效力及协议是否履行完毕

虽然李某来主张该协议是姚某一手拟定的条款，用现金 24000 元来引诱他，说在收条上签了字就给你，他看不清都写的是啥，就签了字，事后他才知道这完全是一个骗局，欺骗他老无力，村委会也没人和他谈，他完全不知，根本不是和解协议，他不承认。但是申请执行人李某来对该协议上其署名没有异议，对协议的真实性认可，也认可被执行人之子姚某已按照和解协议给付 24000 元的事实，故该《债务清偿协议书》应为有效的和解协议。上述《债务清偿协议书》签订后，被执行人之子姚某按照约定向李某来支付了 24000 元现金，李某来向姚某交回了所有票据（包含所有原件及复印件），故该《债务清偿协议书》项下付款义务及交付相关票据的义务双方均已履行，《债务清偿协议书》约定的义务双方已经履行完毕。

3. 被执行人以《债务清偿协议书》已履行完毕为由提出终结原生效判决的执行应予支持

《最高人民法院关于执行和解若干问题的规定》第一条规定，当事人可以自愿协商达成和解协议，依法变更生效法律文书确定的权利义务主体、履行标的、期限、地点和方式等内容。和解协议一般采用书面形式。第十九条规定，“执行过程中，被执行人根据当事人自行达成但未提交人民法院的和解协议，或者一方当事人提交人民法院但其他当事人不予认可的和解协议。依照民事诉讼法第二百二十五条规定提出异议的，人民法院按照下列情形，分别处理：（一）和解协议履行完毕的，裁定终结原生效法律文书的执行……”本案中，姚某建、王某梅之子姚某提供了其与李某来自行达成的和解协议。李某来对该协议的真实性认可，也认可姚某已按照和解协议给付 24000 元的事实。李某来若认为该和解协议存在无效或者应予撤销情形，可另案诉讼，原审查法院依据上述规定裁定终结（2016）陕 0423 民初 919 号民事判决书的执行并无不当。

编写人：陕西省咸阳市中级人民法院　樊志强

38

对保全裁定不服的，应通过复议程序进行审查

——某轴承制造公司与徐某等执行复议案

【案件基本信息】

1. 裁判书字号

江苏省无锡市中级人民法院（2020）苏02执复84号执行裁定书

2. 事由：执行复议纠纷

3. 当事人

复议申请人（申请人）：某轴承制造公司

被申请人（原异议人）：徐某

被申请人：吴某、俞某、徐某、胡某、于某

【基本案情】

某轴承制造公司诉某科技公司、吴某、俞某、徐某、胡某、于某房屋租赁合同纠纷一案，江苏省无锡市滨湖区人民法院于2017年7月18日作出（2016）苏0211民初1851号民事判决，判决如下：

一、某科技公司与某轴承制造公司签订的《厂房租赁合同》于2016年3月29日解除；

二、某科技公司于判决生效之日起十日内支付某轴承制造公司房屋租金460万元、违约金46万元；

三、驳回某轴承制造公司其他诉讼请求。

2020年7月6日，某轴承制造公司将吴某、俞某、于某、胡某、徐某诉至江苏省无锡市梁溪区人民法院，要求吴某、俞某对（2016）苏0211民初1851

号民事判决中未执行的债权在1560万元范围内，于某、胡某分别在150万元范围内，徐某在1140万元范围内对某科技公司债务不能清偿部分承担补充赔偿责任。某轴承制造公司认为，俞某某、于某、胡某、徐某系某科技公司股东，各股东截至出资期限2019年7月1日前均未足额出资，俞某某已病故，吴某、俞某系俞某某法定继承人。吴某、俞某、于某、胡某、徐某应当在未出资本息范围内对某科技公司不能清偿债务承担补充赔偿责任。江苏省无锡市梁溪区人民法院于同日立案审理，案由为股东损害公司债权人利益责任纠纷，案号为（2020）苏0213民初5753号。某轴承制造公司同时申请法院采取保全措施。该院作出（2020）苏0213民初5753号民事裁定书，裁定：冻结吴某、俞某、于某、胡某、徐某的银行存款600万元，或查封、扣押同等价值的财产。2020年7月17日，该院通过网络执行查控系统冻结了徐某名下银行账户及支付宝账户。

另查明，2017年12月15日，江苏省无锡市滨湖区人民法院就徐某诉某科技公司，第三人于某、胡某股东资格确认纠纷一案，作出（2017）苏0211民初3632号民事判决，认为“徐某被冒名登记为某科技公司股东的事实具有高度可能性”，故判决如下：

一、确认徐某不具有某科技公司股东资格；

二、某科技公司、胡某、于某协助徐某办理股东工商撤销登记手续；

三、驳回徐某的其他诉讼请求。

该判决生效后，江苏省无锡市滨湖区人民法院于2019年9月30日作出（2018）苏0211执2019号执行裁定书，裁定将徐某在某科技公司的发起人身份予以撤销。

徐某提出异议，请求江苏省无锡市梁溪区人民法院解除对其在（2020）苏0213民初5753号案件中的财产保全措施。事实和理由：徐某系被冒名登记的股东，并非某科技公司股东，依法无需承担债务。

【案件焦点】

被保全人对保全裁定不服，请求解除财产保全措施的，应通过何种程序进行救济。

【法院裁判要旨】

江苏省无锡市梁溪区人民法院经审理认为：徐某不具有某科技公司股东资格已经法院生效判决确认，国家企业信用信息公示系统中显示徐某并非某科技公司发起人，某轴承制造公司要求徐某对某科技公司不能清偿的债务承担补充清偿责任，依据不足。法院依据某轴承制造公司申请对徐某名下银行存款600万元采取冻结措施错误，应予纠正，徐某提出的异议成立。

江苏省无锡市梁溪区人民法院依据《最高人民法院关于适用〈中华人民共和国公司法〉若干问题的规定（三）》第二十八条、《中华人民共和国民事诉讼法》第二百二十五条及《最高人民法院关于人民法院办理财产保全案件若干问题的规定》第二十六条之规定，裁定如下：

解除对徐某名下银行、支付宝账户的冻结。

某轴承制造公司不服该裁定，提起复议。江苏省无锡市中级人民法院经审理认为：《最高人民法院关于人民法院办理执行异议和复议案件若干问题的规定》第二条第一款规定，执行异议符合民事诉讼法第二百二十五条或者第二百二十七条规定条件的，人民法院应当在三日内立案，并在立案后三日内通知异议人和相关当事人。不符合受理条件的，裁定不予受理；立案后发现不符合受理条件的，裁定驳回申请。被保全人徐某的异议实质是对保全裁定不服，应向作出裁定的人民法院申请复议。江苏省无锡市梁溪区人民法院将其异议作为执行行为异议案件进行立案并作出执行裁定属适用法律错误，应予更正。

江苏省无锡市中级人民法院依照《最高人民法院关于人民法院办理执行异议和复议案件若干问题的规定》第二十三条第一款第（二）项的规定，裁定如下：

一、撤销江苏省无锡市梁溪区人民法院执行裁定；

二、驳回徐某的异议申请。

【法官后语】

财产保全的目的是通过维持被保全人的财产现状，为将来生效裁判确定内容得以实现提供保障。它是人民法院维护当事人利益，促使当事人依法履行义务的一种强制措施。这种强制措施在一定期限内限制了当事人对其名下财产进行支配、处分的权利。财产保全程序对防止诉争当事人恶意转移、隐藏、毁损或挥霍在其占有下的争议财产，发挥着重要作用。当然，财产保全措施也会对当事人、利害关系人以及案外人的权益产生影响并导致异议的产生。而由于审执分离、法院内设机构职能分工细化导致财产保全裁定的制作和财产保全措施的具体实施分属不同部门，司法实践中对财产保全的异议处理存在误区，审查程序及救济途径发生错误的情况时有发生。

从当前司法实践情况看，财产保全过程中产生的异议按异议性质可分为两种，一是当事人、利害关系人对财产保全裁定提出的异议（法律用语应为复议）；二是当事人、利害关系人（与执行行为存在法律上利害关系的第三人）、案外人对财产保全措施的具体实施提出的异议。

对保全裁定提出的复议，其本质在于对能否采取财产保全措施提出的质疑，故该复议审查的重点在于财产保全的必要性：是否存在被申请人转移财产可能、审理结果是否存在执行风险、是否符合采取诉讼保全的条件以及保全裁定金额是否超出诉讼请求范围等方面。因此，应当由作出财产保全裁定的部门（通常是原合议庭）负责审查并作出民事裁定，案号与原民事案件的案号一致。对该复议裁定不服的，应通过民事监督程序进行救济。

对财产保全措施的具体实施提出的异议，属于执行异议审查范围，应根据《中华人民共和国民事诉讼法》第二百三十二条或第二百三十四条的规定，由专门从事执行裁决审查的部门或合议庭立案审查并作出执行裁定，案号为“执异字”。该执行异议审查又分两种路径：一是对保全措施具体实施的执行行为提出的异议，适用《中华人民共和国民事诉讼法》第二百三十二条规定，通过执行异议、执行复议程序解决争议；二是对保全的标的主张实体权利提出的异议，适用《中华人民共和国民事诉讼法》第二百三十四条规定，通过执行异议、执行异议之诉程序解决争议。

本案中，被保全人徐某的异议实质是对保全裁定不服，认为其并非某科技公司股东，不能成为被保全对象，故应向作出裁定的人民法院申请复议。江苏省无锡市梁溪区人民法院通过执行行为异议程序处理不当，应予更正。

编写人：江苏省无锡市中级人民法院　杨曦　朱金彩

三、对动产的执行

（一）对机动车的执行

39

特殊动产的优先处置权争议问题

——胡某申请执行陈某忠民间借贷案

【案件基本信息】

1. 裁判书字号

北京市高级人民法院（2020）京执协 36 号执行协调决定书

2. 事由：民间借贷纠纷

3. 当事人

申请执行人：胡某

被执行人：陈某忠

【基本案情】

胡某申请执行陈某忠民间借贷纠纷一案，因陈某忠未在法定期限内履行判决义务，胡某于 2018 年 7 月 30 日立案执行，北京市朝阳区人民法院（以下简称朝阳区人民法院）于 2018 年 8 月 19 日查封了陈某忠名下车牌号为京 NG××××小客车，因陈某忠名下无财产可供执行，且上述车辆未能扣押，故于2019年3月11日终结本次执行程序。

2019年10月，胡某提供执行线索，京NG××××车辆目前由陈某忠的另一债权人某投资管理有限公司占有使用，并提供了该辆车的具体位置。朝阳区人民法院于当月扣押了上述车辆。经查询，车辆管理所的登记信息显示：债权人某投资管理有限公司在京NG××××车辆上设定了数额为90万元整的抵押。另查该车上有26次查封信息，但因车辆管理所的登记系统问题，系统登记信息无法确认首封法院及案号。

经胡某书面申请，被扣押车辆进入司法拍卖程序。2020年7月，涉案车辆拍卖成交。在办理车辆过户手续中，车辆管理所以拍卖车辆的案件非首封案件为由，拒绝为买受人办理过户手续，并通过查询车辆查封底档确认北京市昌平区人民法院为首封法院（首封时间为2016年11月17日，后续封两次，至今该查封仍然有效）。朝阳区人民法院遂与该法院协调移交车辆处置权，但该法院以该处债权人某银行北京中关村分行不同意移交处置权为由拒绝出具移送执行函。朝阳区人民法院遂逐级报请北京市高级人民法院协调处置权。

北京市高级人民法院于2020年12月25日出具（2020）京执协36号执行协调决定书，指定该车辆由朝阳区人民法院处置，北京昌平区人民法院应在十五日之内出具移送执行函。后，北京市昌平区人民法院出具移送执行函，车辆完成过户手续。

【案件焦点】

1. 特殊动产优先处置权的归属问题；2. 特殊动产的移送执行是否需要征得首封债权人的同意。

【法院裁判要旨】

北京市高级人民法院认为，查封是法院进行财产处置的前提，首封法院对被查封的财产享有当然的处置权。但在特殊情况下，首封法院本着经济效率原则、便捷执行的目的，可以根据案件的执行进展、财产的实际情况等，通过商请移送等程序将查封财产移送相关法院处置，轮候查封的法院即使不是优先债权，对涉案财产也可以获得优先处置权。

此类移送执行行为类似于委托执行或者指定执行，属于法院的自由裁量权，首封法院在决定是否移送执行时无须征得债权人的同意。但为保障当事人的知情权，应当将财产移送的相关情况告知债权人，确保其能够参与后续的执行程序。

【法官后语】

本案为涉及执行中特殊动产的优先处置权问题，争议焦点在于实际控制特殊动产的轮候查封法院在无优先债权的情况下，对涉案财产是否有优先处置权。

查封是司法处置的前置条件，财产的处置权由首封法院所有，扣押则是其处置的必要条件。普通动产的查封顺序以张贴公告、送达法律文书为公示方式，而如车辆、轮船、飞行器等特殊动产则以管理部门的查封登记顺序确定处置权。

实践中，对该类特殊动产的执行面对诸多难点。首先，缺乏有效、精准的财产定位手段，执行部门在查封财产后无法实际扣押，更无法处置变现。其次，财产扣押具有突发性和紧急性，在债权人提供线索时，由于时间紧张致使无暇查询该财产的查封顺序，是否扣押财产面临两难境地。最后，财产扣押后，若本案非首封法院，协商移转处置权将耗费大量司法资源，若将财产移转至首封法院处置则有为他人做嫁衣之感，债权人权益也无法全面保障。

本案中，陈某忠名下京NG××××车辆处置权原应属于北京市昌平区人民法院，但由于北京市昌平区人民法院在查封涉案财产5年间未能实际扣押上述车辆，故一直未能真正进入处置程序。朝阳区人民法院因债权人胡某提供的车辆位置线索而先于首封法院扣押上述车辆，但首封法院的债权人不同意移送执行，故而两法院就处置权问题产生纠纷。有观点认为，在没有优先受偿权的情况下，轮候查封法院的查封行为不属于有效查封，只有在首封法院的查封解除后，轮候查封才能转为正式有效的查封，故而轮候查封法院自然无权处置被扣押的财产，应当将被扣押的车辆移交首封法院处置。另有观点认为，应当秉持效率优先的原则处理，因为向首封法院移交被扣押车辆必然耗费大量时间和精力，浪费司法资源。同时，移交财产也不符合“先到先得”的原则，无法全面保护付出大量劳动、资源找寻财产线索的债权人的权益，不利于鼓励债权人积极主动寻找、提供债务人的财产线索的行为，因此应遵循“先占者优先处置”的原则由扣押财产的法院优先处置。

财产移转执行的立法原意和目的在于提高执行效率、降低司法成本或者便捷执行。相较于不动产和普通动产的移转执行，特殊动产往往存在首封和首控法院分离的情况，首封法院长期查封财产但一直未能实际扣押，轮候查封法院扣押财产却无权处置，这使得被执行人的财产迟迟无法变现以实现债权。因而针对需要登记的特殊动产应当确立具有倾向性的处置原则——先控先处，将执行的便利性和效率价值置于查封登记顺序之前，由首控法院优先处置。

若首控对涉案财产享有优先处置权，首封法院可以在综合考量案件执行情况下，将涉案财产移转首控法院处置。这种移转执行的行为属于法官自由裁量权的范畴，不需要经过债权人的同意。当然，首封法院若决定移转执行的，应当充分保障债权人的知情权和合法权益。

编写人：北京市朝阳区人民法院　王广涛

40

执行异议审查中车辆排除执行异议的认定规则

——金某与某实业有限公司、某二手车经营有限公司执行异议案

【案件基本信息】

1. 裁判书字号

浙江省绍兴市越城区人民法院（2020）浙0602执异166号执行裁定书

2. 事由：案外人执行异议

3. 当事人

申请执行人：金某

被执行人（异议人）：某实业有限公司

案外人：某二手车经营有限公司

【基本案情】

原告金某与被告某实业有限公司买卖合同纠纷一案，原告于2020年4月20日向人民法院提起诉讼。人民法院受理后，根据原告申请于2020年5月6日首轮查封了某实业有限公司名下沪AF×××××荣威牌车辆（以下简称涉案车辆）。2020年7月8日，人民法院作出（2020）浙0602民初2560号民事判决书，判决：一、确认原告金某与被告某实业有限公司之间编号为DL2019××××××的《家用电梯销售合同》已于2020年4月17日解除；二、被告某实业有限公司应返还给原告金某设备款25万元，并支付给原告金某违约金4万元，合计29万元，于本判决生效之日起三十日内履行；三、驳回原告金某的其他诉讼请求。该判决生效后，因被告未自觉履行，根据原告申请，人民法院于2020年10月16日立案执行，执行案号为（2020）浙0602执4716号。

经查，案外人某二手车经营有限公司提供的证据可以证明在涉案车辆被法院查封前，该公司已于2020年4月12日与某实业有限公司签订了《二手车收购合同》，作价86000元购买涉案车辆，并已按约向被执行人支付了人民币76000元的购车款，实际占有使用涉案车辆至今，且对于车辆未办理过户登记无明显过错。异议审查中，案外人亦同意将剩余10000元购车款交付法院执行。因案外人向本院提出执行异议，要求排除对涉案车辆的执行，遂致本案争议发生。

【案件焦点】

案外人对登记于被执行人名下车辆提出执行异议，要求排除执行，执行法院在异议审查阶段应适用何种规则进行审查：是单纯按照车辆登记信息进行形式审查，还是应结合购车合同的签订时间、付款事实、占有使用情况等进行一定的实质性审查并作出裁定。

【法院裁判要旨】

浙江省绍兴市越城区人民法院经审理认为：本案中，案外人某二手车经营有限公司提供的证据相互印证可以证明涉案车辆在被本院查封之前，其已与被执行人袁某民签订了合法有效的书面《二手车收购协议》，按协议约定支付了绝大部分购车款，并实际占有使用涉案车辆的事实。在涉案车辆被本院查封时，双方收购协议补充条款中所约定的过户时间尚未到期，同时，案外人亦明确同意将剩余10000元购车款按照本院要求交付法院执行，故案外人之异议请求，于法有据，本院予以支持。

综上，依照《中华人民共和国民事诉讼法》第二百二十七条、《最高人民法院关于适用〈中华人民共和国物权法〉若干问题的解释（一）》[①] 第二十条之规定，作出如下裁定：

在案外人某二手车经营有限公司根据本院执行实施人员要求将剩余10000元购车款交付执行后，中止对被执行人某实业有限公司名下沪AF×××××车辆的执行，并解除对该车辆的查封措施。

如不服本裁定，可以自本裁定送达之日起十五日内向本院提起诉讼。

【法官后语】

本案系案外人执行异议审查案件。本案中，异议人某二手车经营有限公司系基于实体权利对作为执行标的的涉案车辆提出执行异议，要求排除对该车辆的执行，出于“审执分离”的原则要求和对案外人实体权利的程序保障，依法应适用《中华人民共和国民事诉讼法》第二百二十七条规定作为案外人执行异议进行审查。对于执行标的为车辆的案外人执行异议，《最高人民法院关于人民法院办理执行异议和复议案件若干问题的规定》仅在第二十五条中规定了进

---

① 现已失效。

行形式审查的判断标准，即“已登记的机动车、船舶、航空器等特定动产，按照相关管理部门的登记判断”，对于如何进行实质性审查则没有规定具体标准。基于《最高人民法院关于适用〈中华人民共和国物权法〉若干问题的解释（一）》第六条已明确规定：转让人转移船舶、航空器和机动车等所有权，受让人已经支付对价并取得占有，虽未经登记，但转让人的债权人主张其为物权法第二十四条所称的“善意第三人”的，不予支持，法律另有规定的除外。故本案合议庭经评议认为对执行标的为车辆的案外人执行异议，从更好保护异议案件各方当事人权利、减少当事人诉累出发，可以不限于仅根据执行标的的权利外观表象进行形式审查，而是结合物权法上述司法解释条文并参照《最高人民法院关于人民法院办理执行异议和复议案件若干问题的规定》第二十八条之规定根据以下标准进行实质性审查：一是案外人与被执行人签订的书面车辆购买合同的真实性、合法性，重点审查是否存在案外人与被执行人恶意串通以规避执行的嫌疑。二是合同签订的时间，即案外人签订购车合同是否在涉案车辆被法院查封、抵押之前。三是涉案车辆的占有使用状态，案外人是否在涉案车辆抵押、查封之前即已合法占有并使用涉案车辆至今。四是合同价款支付情况，案外人是否已按合同约定支付全部价款，或者已按照合同约定支付部分价款且同意将剩余价款按照人民法院的要求交付执行。五是是否系因案外人自身原因导致涉案车辆未办理过户登记。正是基于上述标准，结合本案查明事实，本案合议庭最终裁定案外人某二手车经营有限公司就涉案车辆所提出的排除执行异议成立。

编写人：浙江省绍兴市越城区人民法院　张剑

41

案外人能否依据另案生效法律文书对金钱债权的执行提出异议

——薛某红与某投资基金公司、陈某海案外人执行异议案

【案件基本信息】

1. 裁判书字号

北京市第二中级人民法院（2020）京02执异150号执行裁定书

2. 事由：案外人执行异议

3. 当事人

案外人：薛某红

申请执行人：某投资基金公司

被执行人：陈某海

【基本案情】

某投资基金公司与陈某海仲裁纠纷一案，北京仲裁委员会于2018年6月25日作出（2018）京仲裁字第1187号裁决书，裁决：（1）被申请人陈某海向申请人某投资基金公司支付补偿款200万元；（2）陈某海向某投资基金公司支付截止到2017年12月13日的利息82891.67元，以及向某投资基金公司支付以200万元为基数，按照中国人民银行同期贷款利率4.75%（一年至五年）的计算标准，自2017年12月14日至实际支付之日止的利息；（3）陈某海向某投资基金公司支付申请人因本案支出的律师费30万元；（4）仲裁费44230.25元，由陈某海承担，陈某海应直接向某投资基金公司支付某投资基金公司代其垫付的仲裁费44230.25元。上述裁决被申请人应向申请人支付的款项，被申请人应

于本裁决书送达之日起十五日内支付完毕。逾期支付的，应按《中华人民共和国民事诉讼法》第二百五十三条的规定处理。

因陈某海未履行上述仲裁裁决确定的义务，某投资基金公司向北京市第二中级人民法院申请强制执行，北京市第二中级人民法院以（2018）京02执501号立案受理。执行过程中，北京市第二中级人民法院于2018年8月9日向北京市公安局交通管理局车辆管理所送达（2018）京02执501号协助执行通知书，查封了登记在陈某海名下的京××1号、京××2号、京××3号、京××4号车辆。因陈某海无其他可供执行财产，北京市第二中级人民法院于2018年11月13日作出（2018）京02执501号之一执行裁定书，裁定：终结北京仲裁委员会（2018）京仲裁字第1187号裁决的本次执行程序。

薛某红与陈某海离婚后财产纠纷一案，北京市朝阳区人民法院于2019年7月4日作出（2019）京0105民初54472号民事调解书，确认登记在陈某海名下的京××1号、京××2号、京××3号、京××4号车辆归薛某红所有。

【案件焦点】

在金钱债权的执行中，案外人能否依据另案生效法律文书请求排除执行。

【法院裁判要旨】

北京市第二中级人民法院经审理认为：金钱债权执行中，案外人依据执行标的被查封、扣押、冻结后作出的另案生效法律文书提出排除执行异议的，人民法院不予支持。本案中，因陈某海未履行生效法律文书确定的义务，北京市第二中级人民法院于2018年8月9日查封登记在陈某海名下的京××1号、京××2号、京××3号、京××4号车辆，符合法律规定。因北京市第二中级人民法院查封执行标的在前，北京市朝阳区人民法院作出（2019）京0105民初54472号民事调解书在后，故薛某红以北京市朝阳区人民法院作出的（2019）京0105民初54472号民事调解书确定上述四车辆归其所有为由，向北京市第二中级人民法院请求解除对上述四车辆的查封，不予支持。

北京市第二中级人民法院依照《中华人民共和国民事诉讼法》第一百五十

四条第一款第（十一）项、第二百二十七条及《最高人民法院关于人民法院办理执行异议和复议案件若干问题的规定》第二十六条第二款之规定，裁定如下：

驳回薛某红的异议请求。

【法官后语】

本案为案外人依据另案生效法律文书对金钱债权的执行提出异议案件，争议焦点为案外人能否依据另案生效法律文书请求排除执行。作为执行依据的生效裁判并未涉及执行标的物，只是执行中为实现金钱债权对特定标的物采取了执行措施。该类案件审理的关键不仅与另案生效法律文书的裁定内容有关，也与另案生效法律文书的作出时间有着直接关系。对此，《最高人民法院关于人民法院办理执行异议和复议案件若干问题的规定》第二十六条规定了解决案外人执行异议的规则。依据该条规定，作为案外人提起执行异议依据的裁判将执行标的物确权给案外人，可以排除执行；作为案外人提起执行异议依据的裁判，未将执行标的物确权给案外人，而是基于不以转移所有权为目的的有效合同（如租赁、借用、保管合同），判令向案外人返还执行标的物的，其性质属于物权请求权，亦可以排除执行；基于以转移所有权为目的有效合同（如买卖合同），判令向案外人交付标的物的，其性质属于债权请求权，不能排除执行。但应予注意的是，在金钱债权执行中，如果案外人提出执行异议依据的生效裁判认定以转移所有权为目的的合同（如买卖合同）无效或应当解除，进而判令向案外人返还执行标的物的，此时案外人享有的是物权性质的返还请求权，本可排除金钱债权的执行，但在双务合同无效的情况下，双方互负返还义务，在案外人未返还价款的情况下，如果允许其排除金钱债权的执行，将会使申请执行人既执行不到被执行人名下的财产，又执行不到本应返还给被执行人的价款，显然有失公允。为平衡各方当事人的利益，只有在案外人已经返还价款的情况下，才能排除普通债权人的执行。反之，案外人未返还价款的，不能排除执行。本案中，从另案生效法律文书的裁定内容来看，北京市朝阳区人民法院作出的（2019）京0105民初54472号民事调解书，确认登记在陈某海名下的京××1号、京××2号、京××3号、京××4号车辆归薛某红所有，显然是案外人与被执行人之间就权属纠纷进行的确认。但是，从北京市朝阳区人民法院作出另案生效法律文书的时间上看，北京市第二中级人民法院查封陈某海名下的京××1号、京××2号、京××3号、京××4号车辆在前，北京市朝阳区人民法院作出（2019）京0105民初54472号民事调解书在后，故薛某红以北京市朝阳区人民法院作出的（2019）京0105民初54472号民事调解书确定上述四车辆归其所有为由，向北京市第二中级人民法院请求解除对上述四车辆的查封，无法获得支持。

案外人依据另案生效裁判对非金钱债权的执行提起执行异议则与上述情况有所不同，审判实践中，案外人有时依据另案生效裁判所认定的与执行标的物有关的权利提起执行异议，请求排除对标的物的执行。此时，鉴于作为执行依据的生效裁判与作为案外人提出执行异议依据的生效裁判，均涉及对同一标的物权属或给付的认定，性质上属于两个生效裁判所认定的权利之间可能产生的冲突，人民法院在审理执行异议时，需区别不同情况作出判断：如果作为执行依据的生效裁判是确权裁判，不论作为执行异议依据的裁判是确权裁判还是给付裁判，一般不应据此排除执行，但人民法院应当告知案外人对作为执行依据的确权裁判申请再审；如果作为执行依据的生效裁判是给付标的物的裁判，而作为提出异议之诉依据的裁判是确权裁判，一般应据此排除执行，此时人民法院应告知其对该确权裁判申请再审；如果两个裁判均属给付标的物的裁判，人民法院需依法判断哪个裁判所认定的给付权利具有优先性，进而判断是否可以排除执行。

编写人：北京市第二中级人民法院 贾奕良 李鹏志

（二）对担保物的执行

42

同一债权既有保证又有物的担保，物的价值不明的，是否能同时执行保证人及担保物

——何某邦与某银行等执行异议案

【案件基本信息】

1. 执行裁定书字号

青海省西宁市湟源县人民法院（2020）青0123执异1号执行裁定书

2. 事由：执行异议

3. 当事人

异议人（申请人）：何某邦

原案申请执行人：某银行

原案被执行人：靳某权、靳某华、冯某福

【基本案情】

2012年10月16日，被告靳某权向某农村信用合作联社申请借款40万元，用于苗木种植。11月19日，双方签订《个人借款合同》，约定：借款金额40万元，期限两年，利率为固定9.84%/年。被告靳某华以其与案外人赵某莲共同所有的坐落于湟源县城关镇东大街×号-1的房产（以下简称抵押物）为该笔借款提供抵押担保，并做了抵押登记。且被告何某邦、冯某福为被告靳某权的

贷款提供连带责任保证。后约定期满，直到原告诉至法院，被告靳某权只偿还了本金1.15万元，剩余38.85万元借款未按约偿还。2019年7月5日，青海省西宁市湟源县人民法院作出（2019）青0123民初527号民事判决书，判决：一、被告靳某权于判决生效后三十日内向原告某银行偿还本金388500元及利息、罚息、复利51.365836万元，共计90.215836万元；二、被告何某邦、冯某福对上述借款本息承担连带责任；三、被告靳某华以其所有的抵押物的价值范围内对上述款项承担担保责任。双方当事人未上诉，判决书生效。

2019年10月30日，青海省西宁市湟源县人民法院对申请人某银行与被执行人靳某权、靳某华、冯某福、何某邦借款合同纠纷申请执行一案立案执行，并于2019年12月17日，通过网络查控系统将被执行人何某邦在银行的存款（共计：52.12929万元）扣划至青海省西宁市湟源县人民法院账户。执行行为作出后，异议人何某邦于2019年12月24日提出书面异议，称：一、同一债权既有保证又有物的担保的，保证人对物的担保以外的债权承担保证责任。在未对抵押的房屋采取任何执行措施的情况下，不应先对保证人采取执行措施。二、借款人靳某权以及实际使用部分借款的冯某福均有偿还能力，应先对此二人采取相应的强制执行措施。三、被扣划的款项为申请人所承揽的劳务合同工程民工工资，无法及时支付工资对社会稳定埋下隐患。

青海省西宁市湟源县人民法院经审查查明，被执行人靳某华以其所有的抵押物为该笔借款提供抵押担保，抵押物评估价格为58.952万元。2019年该处抵押房产被纳入政府棚户区改造项目，现处于政府拆迁范围，但因被执行人靳某权、靳某华未就拆迁补偿款与政府达成一致意见，所以该处抵押房产的补偿款没有到位。被执行人靳某权声称该处房产的补偿款有100多万元，但没有提供证据证明。因该处房产处于拆迁范围，所以对该抵押房产的评估、拍卖无现实可能性。

【案件焦点】

同一债权既有保证又有物的担保，抵押物价值不明确的，是否能同时执行保证人及担保物。

在本案中，抵押物处于政府拆迁范围，对该抵押物的拍卖无现实可能性，故应明确抵押物的具体价值。抵押物具体价值不足以偿还全部债务的时候，可同时对保证人财产进行执行，待抵押物价值明确后对保证人应承担的具体数额进行确定。

【法院裁判要旨】

青海省西宁市湟源县人民法院经审理认为，《中华人民共和国担保法》第二十八条第一款规定："同一债权既有保证又有物的担保的，保证人对物的担保以外的债权承担保证责任。"申请执行人某银行与被执行人靳某权、靳某华、何某邦、冯某福借款合同纠纷一案中，判决书确定靳某华以抵押物进行抵押，申请执行人对该套房产的评估、变卖价款享有优先受偿权。而该抵押房产评估价为58.952万元，所以即使实现抵押房产拍卖程序，仍不足以清偿三被执行人及异议人所欠借款及利息、复息及罚息。异议人何某邦作为保证人在抵押财产不足以清偿全部债务时，在抵押财产范围外承担保证责任。何某邦作为完全民事行为能力人应当对其作出的保证行为承担保证责任，其所称欠农民工劳务工资与本案是不同法律关系，不能因为要给付农民工工资而不承担本案中的保证责任。故何某邦提出的异议不成立。依照《中华人民共和国民事诉讼法》第二百二十五条、《最高人民法院关于人民法院办理执行异议和复议案件若干问题的规定》第十七条第一款之规定，裁定驳回何某邦的异议请求。

【法官后语】

《中华人民共和国担保法》第二十八条第一款规定，同一债权既有保证又有物的担保的，保证人对物的担保以外的债权承担保证责任。《最高人民法院关于适用〈中华人民共和国担保法〉若干问题的解释》[1] 第三十八条第一款规定，同一债权既有保证又有第三人提供物的担保的，债权人可以请求保证人或物的担保人承担担保责任。这一规定是对《中华人民共和国担保法》第二十八

① 现已失效。

条第一款的规定作了限缩解释：同一债权既有保证又有物的担保的，如果物的担保是由主债务人提供的，则保证人对物的担保以外的债权承担保证责任；如果物的担保是由第三人提供的，债权人可以请求保证人或物的担保人承担担保责任。本案中，借款所涉抵押是由主债务人靳某权提供的，保证人何某邦应对抵押权实现后仍不能清偿的债务部分承担连带清偿责任。但本案涉及抵押物处于政府拆迁范围，除评估价以外，无法明确其确切价值。由此可见，即便在抵押权实现后，也只能满足部分债权。故办案人员可对担保人财产进行执行，待抵押物价值明确后对保证人应承担的具体数额进行确定。

在实践中，有的债权不但附有保证人的保证担保，同时还有抵押权、质权、留置权等担保物权为该债权担保。保证是人的担保，属于债权担保，而抵押权、质权、留置权等是物权担保。传统的民法理论认为，物的担保较为确实，而且容易实行以实现债权。大陆法系许多国家民法的有关规定都体现了物权担保先于债权担保实现的原则。《中华人民共和国担保法》第二十八条第一款规定其含义是，同一个债权在有保证人作担保以外，如果还有抵押权、质权、留置权等物权担保方式作担保的，无论物权担保是担保主债权的全部还是部分，在主债务履行期间届满主债权未受清偿时，都要首先实现物权担保来满足债权。如果担保物权实现的结果满足了全部债权，那么保证人也就不再承担保证责任了。如果担保物权实现的结果只满足了部分债权，那么保证人就只对担保物权未满足的那部分债权承担保证责任。异议人主张“同一债权既有保证又有物的担保的，保证人对物的担保以外的债权承担保证责任。在未对抵押的房屋采取任何执行措施的情况下，不应先对申请人采取执行措施”，这种主张只关注了“物权担保先于债权担保实现”的原则，但是忽略了担保物权的实现是否能满足全部债权的核心，也成为本案审理的关键。

编写人：青海省西宁市湟源县人民法院　李爱菲

43

违法限制竞买人参加竞买的拍卖应予撤销

——某酒业公司与某农业物资公司执行异议案

【案件基本信息】

1. 裁判书字号

江苏省无锡市中级人民法院（2020）苏02执异132号执行裁定书

2. 事由：执行异议

3. 当事人

申请执行人（异议人）：某酒业公司

被执行人：某农业物资公司

【基本案情】

某酒业公司与某农业物资公司申请实现担保物权一案，江苏省无锡市惠山区人民法院于2019年6月27日作出（2017）苏0206民特10号之二民事裁定书，裁定：准予对某农业物资公司向某酒业公司提供抵押反担保的房产（锡房权证惠山字HS100×××××××）进行拍卖、变卖，某酒业公司以拍卖、变卖所得价款对追偿款本息9539312.51元及自2017年10月19日起至抵押物拍卖、变卖成交之日止的利息损失在抵押担保债权数额1200万元范围内予以优先受偿。后因某农业物资公司未履行生效文书确定的义务，江苏省无锡市惠山区人民法院于2019年7月22日立案执行，案号为（2019）苏0206执2028号。2019年8月14日，江苏省无锡市惠山区人民法院查封某农业物资公司名下的房产。

2020年9月2日，江苏省无锡市中级人民法院裁定将该案提级执行，案号为（2020）苏02执433号。执行过程中，江苏省无锡市中级人民法院于2020年11月6日作出（2020）苏02执433号执行裁定：拍卖、变卖被执行人某农业物资公司位于无锡市惠山区玉祁镇×路 3739.11 平方米（包含无证的 1331.39 平方米）房产（权证号：HS100×××××××）及附属绿化、景观等设施。淘宝网司法拍卖页面竞买公告载明：拍卖标的房产坐落于集体土地上，土地所有权人为某街道办事处，竞买人报名前需前往管理委员会进行咨询并取得该单位出具的竞拍资格确认书，未取得竞拍资格就报名参加竞拍的，本院有权取消拍卖资格及拍卖结果，并没收拍卖保证金。

另查明，江苏省无锡市中级人民法院拍卖前向案涉房屋所在街道办事处征求意见，街道办事处回复称，根据集体资产管理规定及该处房产特殊的地理位置，竞拍人需于报名前前往管理委员会进行咨询以取得竞拍资格，现签订租赁合同期限为一年，租金根据当年农办公布的标准确定，同时受让人需承担某农业物资公司欠付的集体土地使用费。

【案件焦点】

拍卖公告中载明需取得管理委员会出具的竞拍资格是否属于违法限制竞买人参加竞买或者对享有同等权利的竞买人规定不同竞买条件，是否应当撤销拍卖。

【法院裁判要旨】

江苏省无锡市中级人民法院经审理认为：案涉房产系在租赁的集体土地上建造，锡惠集用（2004）第 2896 号集体土地租赁于 2009 年 12 月 14 日到期后，原租赁单位某农业物资公司继续与管理委员会办公室每年签订《土地使用权租赁协议书》并支付集体土地使用费，后因某农业物资公司经营产生问题，自 2016 年 12 月 31 日合同到期后未续订。故本案执行处置前土地使用权租赁期限已届满。法院征求集体组织意见后在拍卖公告中设定“竞买人报名前需前往管理委员会进行咨询并取得该单位出具的竞拍资格确认书，未取得竞拍资格就报名参加竞拍的，本院有权取消拍卖资格及拍卖结果，并没收拍卖保证金”，该特别设定无法律依据，存在违法限制竞买人参加竞买的情形，应予撤销。执行部门应在后续执行过程中根据案件具体情况重新作出拍卖公告。江苏省无锡市中级人民法院依照《中华人民共和国民事诉讼法》第二百二十五条、《最高人民法院关于人民法院办理执行异议和复议案件若干问题的规定》第十七条第（二）项之规定，裁定如下：

撤销（2020）苏02执433号案件的拍卖公告。

【法官后语】

《最高人民法院关于人民法院网络司法拍卖若干问题的规定》第三十一条规定，当事人、利害关系人提出异议请求撤销网络司法拍卖，符合下列情形之一的，人民法院应当支持：（一）由于拍卖财产的文字说明、视频或者照片展示以及瑕疵说明严重失实，致使买受人产生重大误解，购买目的无法实现的，但拍卖时的技术水平不能发现或者已经就相关瑕疵以及责任承担予以公示说明的除外；（二）由于系统故障、病毒入侵、黑客攻击、数据错误等原因致使拍卖结果错误，严重损害当事人或者其他竞买人利益的；（三）竞买人之间，竞买人与网络司法拍卖服务提供者之间恶意串通，损害当事人或者其他竞买人利益的；（四）买受人不具备法律、行政法规和司法解释规定的竞买资格的；（五）违法限制竞买人参加竞买或者对享有同等权利的竞买人规定不同竞买条件的；（六）其他严重违反网络司法拍卖程序且损害当事人或者竞买人利益的情形。《中华人民共和国拍卖法》第三十二条规定，竞买人是指参加竞购拍卖标的的公民、法人或者其他组织。第三十三条规定，法律、行政法规对拍卖标的的买卖条件有规定的，竞买人应当具备规定的条件。

法院组织司法拍卖的目的，在于公开、公平、公正地维护各方权益，实现被执行人财产处置效益的最大化。故在拍卖被执行人财产时，要最大限度地吸引竞买人参加竞买，除非法律、行政法规对买受人的资格有特殊要求，人民法院和拍卖机构都不得限制参加拍卖的竞买人范围。非法限制竞买人资格将使潜在的买受人无法参与竞价，导致竞价不充分进而价格过低，损害债权人和债务人的利益，也可能导致权力寻租的发生，故为维护当事人和竞买人的利益，在没有法律、行政法规明文规定对竞买人资格限制的情况下，违法限制竞买人参加竞买或者对享有同等权利的竞买人规定不同竞买条件的，该拍卖应予撤销。

编写人：江苏省无锡市中级人民法院　杨曦　朱金彩

四、对调解协议的执行

44

被执行人根据执行和解协议约定的内容申请强制执行是否予以支持

——某铝业公司与某气体公司执行异议案

【案件基本信息】

1. 裁判书字号

湖北省宜昌市中级人民法院（2020）鄂05执复43号执行裁定书

2. 事由：执行异议纠纷

3. 当事人

复议申请人（申请执行人、异议人）：某铝业公司

被执行人：某气体公司

【基本案情】

某气体公司起诉某铝业公司买卖合同纠纷一案，双方达成调解协议：某铝业公司使用某气体公司的配套供气设备，由某铝业公司协助某气体公司予以拆除；某气体公司自愿放弃其他诉讼请求；某气体公司与某铝业公司往来纠纷解决完毕，双方自愿放弃其他与履行本合同相关的利益主张。

某气体公司向法院申请执行。在执行过程中，双方达成执行和解协议：某

气体公司于2017年8月19日进场拆除并运走设备，某铝业公司予以协助；某气体公司拆除设备给某铝业公司厂区造成破坏要进行恢复；如果某气体公司在8月19日不将设备拆除运走，从8月20日起，某铝业公司要按每天1000元收取某气体公司的仓储费。但双方未能完全履行执行和解协议。

某铝业公司向法院提起诉讼，要求某气体公司依据调解协议履行拆除设备的"义务"以及按执行和解协议支付仓储费，该案一审法院认为：案涉设备不能拆除以及执行案件不能顺利结案的责任在某铝业公司，故驳回某铝业公司的诉讼请求。某铝业公司不服提起上诉，二审法院同意一审法院裁判意见。

某气体公司向法院申请恢复执行。现场协调执行过程中，某气体公司运出了已由某铝业公司先行拆除的相关零件，现场遗留有相关未拆除的设备。在拆除前述设备的过程中，某铝业公司厂区生产正常进行。某气体公司当场表示放弃下余设备的所有权，并表示这个案子已经全部执行完毕，依据某气体公司的声明及执行的实际情况，该案结案。

某铝业公司向法院提交《强制执行申请书》，请求强制某气体公司履行民事调解书确定的"义务"，并要求某气体公司赔偿因拆除供气配套设备给某铝业公司造成的损失。该案经合议庭评议，认为某铝业公司赔偿损失的请求非民事调解书确定的执行标的，且该损失亦未实际发生，无法强制某气体公司拆除设备，依照相关法律规定，裁定终结了该案的执行。后某铝业公司提出了对本案的异议请求。

【案件焦点】

1. 某铝业公司、某气体公司对案涉设备进行拆除时的权利、义务；2. 某气体公司应否支付迟延履行金；3. 某铝业公司申请的执行案件应否继续执行。

【法院裁判要旨】

湖北省长阳土家族自治县人民法院经审理认为：需正确理解某气体公司的权利和某铝业公司的义务。某气体公司与某铝业公司在调解书中约定：双方解除合同，某气体公司运回设备，双方减少货款数额、放弃违约金并对拆除行为造成的损害进行包容，在民事调解书生效之后，其他未决纠纷不复存在。协议达成后，某气体公司享有拆除并运回案涉设备的权利，为实现此权利而必然产生拆除行为。某气体公司除故意或者重大过失造成某铝业公司经济损失外，对符合民事调解协议的性质、目的以及一般性原则等拆除设备的行为，应当认定为某气体公司适当地、客观地行使权利和为实现权利实施相应的行为，某铝业公司有协助拆除的义务，同时必须容忍权利人合理、适度地采取拆除措施。

执行过程中，双方对调解书确定的权利、义务产生歧义，后双方达成的执行和解协议设定了某气体公司拆除设备的“义务”及其违约责任。根据《最高人民法院关于执行和解若干问题的规定》第九条“被执行一方不履行执行和解协议的，申请执行人可以申请恢复执行原生效法律文书，也可以就履行执行和解协议向执行法院提起诉讼”的规定，某铝业公司选择了提起诉讼方式解决纷争、实现“权利”，但因某铝业公司不协助、不配合甚至是阻挠拆除设备等行为，致使执行和解协议未能完全履行。

某气体公司明确表示放弃拆除相关案涉设备的权利，应理解为自放弃权利之日起相关案涉设备以零价值处理，某铝业公司可以自行处理某气体公司的相关案涉设备。

根据《最高人民法院关于执行和解若干问题的规定》[①] 第九条规定，某铝业公司选择以诉讼的方式寻求法院支持执行和解协议中的约定，一审法院及二审法院审理后认为因某铝业公司存在阻挠拆除行为以及不积极协助配合等违约行为，致使执行和解协议未能完全履行。故对其诉讼请求予以驳回。至此，依据民事调解书进入执行程序的执行案件执行终结，双方都不再享有申请执行的权利。

湖北省长阳土家族自治县人民法院根据《中华人民共和国民事诉讼法》第二百二十五条、《最高人民法院关于人民法院办理执行异议和复议案件若干问

---

① 《最高人民法院关于执行和解若干问题的规定》已经于2020年12月29日修改，于2021年1月1日实施。本书收录的部分案例裁判于该文件修改之前，适用的是当时有效的条文，下文将不再对此进行提示。

题的规定》第十七条第（一）项的规定，裁定如下：

驳回某铝业公司的异议请求。

某铝业公司不服该执行裁定，申请复议。湖北省宜昌市中级人民法院经审理认为某铝业公司的复审理由不能成立，裁定驳回某铝业公司的复议申请，维持湖北省长阳土家族自治县人民法院的执行裁定。

【法官后语】

本案的亮点在于被执行人能否根据执行和解协议中对申请执行人设定的“义务”及违约责任，申请“申请执行人”强制履行。笔者认为，要从权利义务的主体及违约责任的分配等因素进行综合分析。

1. 权利义务的主体需要明确，本案中某气体公司享有拆除设备并取回的权利，该权利源于某气体公司对设备享有的物权所有权，基于此对设备享有返还原物请求权。为实现此权利而必然产生的拆除行为，是某气体公司行使物权的必要措施，某气体公司依据已经发生法律效力的调解书享有对原物的取回权，并不是对某气体公司的约定义务。某铝业公司作为义务相对人负有返还设备的义务，必然具有协助拆除的义务，同时必须容忍权利人合理、适度地采取拆除措施，也即容忍因拆除行为改变现状而需恢复原状和因拆除需停工造成的损失。

2. 明确违约责任的分配，违约金的约定是为了促使合同双方当事人及时、全面、恰当地履行合同义务。本案中，某气体公司与某铝业公司约定需在一定期限内将设备运走，否则将按每天1000元支付仓储费，是为敦促某气体公司及时履行拆除行为而附的条件。某气体公司行使该权利的前提是某铝业公司积极履行协助拆除的义务，包括附随的容忍义务。某铝业公司未履行协助拆除义务及容忍义务，反复要求某气体公司拆除下余供气配套设备须以赔偿损失为前提，导致拆除行为无法继续，视为某铝业公司不正当阻止合同履行，合同履行条件并未成就，某气体公司不存在违约行为。另外，违约金的主张应当以实际损失为基础。本案中，某铝业公司并未因某气体公司的拆除行为或未履行拆除行为而产生实际损失，拆除过程中某铝业公司正常经营生产，未拆除的设备也没有影响到某铝业公司的正常生产经营。某气体公司明确表示放弃取回相关案涉设备，某铝业公司可以自行处理该设备，这是符合民事活动中的经济效益原则的。

3. 根据《最高人民法院关于执行和解若干问题的规定》第九条“被执行一方不履行执行和解协议的，申请执行人可以申请恢复执行原生效法律文书，也可以就履行执行和解协议向执行法院提起诉讼”的规定，既然某铝业公司选择以诉讼的方式寻求法院支持执行和解协议中享有的“权利”，而导致执行和解协议未能履行的原因是某铝业公司不履行协助拆除义务及适度容忍义务，故某铝业公司依据执行和解协议中对某气体公司设定的“义务”及违约责任的约定申请强制执行无法得到支持。

编写人：湖北省长阳土家族自治县人民法院　吕媛　吕小玲

五、对债权的执行

45

到期债权的执行

——胡某芳诉童某堂等案外人执行异议之诉案

【案件基本信息】

1. 裁判书字号

湖北省武汉市中级人民法院（2021）鄂01民终504号民事判决书

2. 案由：案外人执行异议之诉

3. 当事人

原告（案外人、上诉人）：胡某芳

被告（申请执行人、被上诉人）：童某堂、李某东、童某平、李某

第三人（被执行人）：某建设公司、罗某

【基本案情】

童某堂等人申请执行罗某、某建设公司民间借贷纠纷一案，被执行人在某房地产开发公司可能有到期债权后，于2019年10月11日前往某房地产开发公司实地调查得知：某房地产开发公司与某建设公司于2014年签订了《建设工程施工合同补充协议（一）》，根据协议内容，某房地产开发公司仍有2800000元工程质保金未退还某建设公司，已到期未返还的部分约为1300000元。人民

法院确认上述到期债权后，当场向某房地产开发公司送达了执行裁定书——提取某建设公司在某房地产开发公司的到期工程款质保金1289085.58元。

2019年10月22日，第三人某房地产开发公司提交执行异议申请书，请求撤销上述执行裁定书。

2019年11月8日，某房地产开发公司来函：确认某建设公司在其公司实有到期质保金1114492.771元，但认为到期质保金应优先支付劳动者工资及某建设公司工程实际承包人胡某芳。当日，某建设公司、某建筑工程公司向我院提交情况说明，工程项目实际承包人为胡某芳。

2019年11月25日，某房地产开发公司提交《执行扣款事宜的报告》，请求暂缓对该到期质保金的扣划，同意春节过后主动配合执行扣划，同时撤回对执行裁定书提出的执行异议申请。

2020年1月9日，案外人胡某芳提交执行异议申请书，其认为：一、胡某芳为该工程投资人、实际施工人，依法享有工程价款（包括工程质保金）的优先受偿权，享有工程价款优先受偿权、所有权足以排除上述裁定书和协助执行通知书的执行；二、胡某芳在该项目中有部分劳动者工资未支付，劳动者工资支付优先于其他一切债权；三、法院执行裁定书和协助执行通知书认定事实不清，适用法律错误，程序违法，要求撤销该裁定书。

【案件焦点】

1. 法院在执行到期债权过程中，第三人、利害关系人在执行过程中提出执行异议时，执行法院能否对其异议进行审查；2. 法院能否对被执行人在第三人处享有的到期债权进行强制执行。

【法院裁判要旨】

湖北省武汉市黄陂区人民法院经审理认为：申请执行人童某堂等人诉罗某、某建设公司民间借贷一案中，因总承包施工合同系发包人某房地产开发公司与承包人即被执行人某建设公司签订，根据合同的“相对性原则”，被执行人某建设公司对某房地产开发公司应支付的工程价款（含质保金）享有所有权，异议人胡某芳对执行标的不享有足以排除强制执行的权益。被执行人罗某、某建设公司逾期未履行生效文书确定的义务，我院采取上述强制执行措施于法有据，并无不当，异议人以此提出异议的理由没有事实依据和法律基础，异议人的申请我院不予支持。我院依照《中华人民共和国民事诉讼法》第二百二十七条规定作出裁定：驳回案外人胡某芳提出的执行异议申请。胡某芳不服异议裁定，向本院提起执行异议之诉，我院审理认为：原告胡某芳是否系岳阳碧桂园一期第二标段工程项目的投资人与实际施工人，我院依据执行裁定书提取的质保金是否归其所有，在未经法院审理的情况下不足以阻却人民法院的强制执行，故驳回其诉讼请求。

胡某芳不服一审判决，提起上诉，二审法院认为：胡某芳主张其为实际施工人的主要依据为各方所认可，但各方认可不足以证明其为实际施工人的事实；即便胡某芳能被确认为实际施工人，其合同相对方亦为某建设公司，胡某芳对岳阳某房地产开发公司是否可突破合同相对性享有债权在本案中证据不足无法确定；仅有与发包人订立建设工程施工合同的承包人才享有建设工程价款优先受偿权，实际施工人并不享有该权利。因此，胡某芳在本案中的证据不足以证明其系岳阳某房地产开发公司应付到期工程质保金的真实权利人，不能排除本案执行。故二审法院最终驳回上诉，维持原判。

【法官后语】

本案争议焦点在于第三人、利害关系人在执行过程中提出执行异议时，执行法院能否对其异议进行审查，是否能继续执行到期债权。在本案中，我院认为对被执行人某建设公司在第三人某房地产开发公司处到期债权的执行必须符合三个要件：一是被执行人的债务人（统称为第三人）向被执行人负有金钱债务；二是该债务已届履行期限；三是第三人对该债务并未提出异议。申请执行人在执行程序中根据到期债权执行制度对第三人申请执行，前提是第三人对债务并未提出异议，一旦提出异议，则不得对该第三人强制执行，且对异议不进行审查，这是现行法律对限缩执行裁量权的制度要求。所以，法院可以执行被执行人的到期债权，但前提是征得该第三人同意。本案中，该第三人某房地产开发公司在履行通知指定的期间内向我院提出了书面异议，且该异议不属于法律规定除外的情形，我院依法不应执行该到期债权，也不应对该异议进行审查，执行部门应避免出现以执代审的局面。在我院与该第三人某房地产开发公司释法明理、积极沟通下，其自愿撤销执行异议申请，并确认了某建设公司在其处享受到期债权的数额，我院依据债的相对性原则，对其已经确认部分可以依法强制执行，但在执行实施过程中往往柔性执法，充分尊重第三人的权利，避免对第三人造成其他负面影响。在第三人撤销执行异议申请后，案外人胡某芳向我院提出书面异议，我院审理认为，被执行人某建设公司对第三人某房地产开发公司应支付的工程价款（含保证金）享受所有权，异议人胡某芳对执行标的不享受足以排除强制执行的权益，故案外人的异议申请不成立，但案外人有提起异议之诉的权利。最终，因案外人胡某芳执行异议之诉的诉求被一审、二审法官均驳回，我院则可依法对此到期债权强制执行。笔者认为，在当前总体信用环境不佳，当事人及第三人滥用程序权利阻碍执行现象较为突出的情况下，赋予义务相对人、案外人以充分有效的抗辩机会是程序正义的基本要求，为此，法院应当保障第三人、案外人对履行到期债权的异议权，以防止其合法权益受到不当侵害。但在实务中，操作层面上如何处理第三人、案外人异议，做法不一，亟待规范。本案通过执行被执行人对第三人享有到期债权，不但保障了申请执行人的期待利益，而且对解决“三角债”等法律关系有显著的实践意义，达到了节约司法资源与服务人民群众的效果统一，对营造稳定公平透明的营商环境具有积极意义。

编写人：湖北省武汉市黄陂区人民法院　沈杰

六、特殊情况下的执行

46

申请执行人要求被执行人为企业法人的股东出资责任加速到期认定

——某木业公司与某投资公司等执行异议案

【案件基本信息】

1. 裁判书字号

江苏省无锡市惠山区人民法院（2020）苏 0206 执异 37 号执行裁定书

2. 事由：执行异议纠纷

3. 当事人

申请执行人：某木业公司

被执行人：某投资公司

被申请人：李某祥、顾某兴

【基本案情】

2015 年 4 月 5 日，某木业公司与某投资公司签订订购合同一份，双方约定：某木业公司为某投资公司加工整套象牙白木门 214 套，总价款 442112 元（含运输费、上楼费和安装费）；某投资公司于合同签订时支付定金 5 万元，尾款于 2017 年 5 月 1 日前付清，如逾期付款承担合同金额 20%的违约金。2015 年

12月20日，双方在工程验收单上加盖公司公章确认某木业公司完成工作任务且对碰坏油漆、门缝隙大、门锁松动等瑕疵问题已按时整改完成。2017年1月5日，双方确认某投资公司欠某木业公司392112元，定于2017年5月1日前付清，如未按时付清承担合同总金额20%的违约金并承担诉讼费及律师费。之后，某投资公司未付款。后人民法院作出（2018）苏0206民初3043号民事判决书，判决内容如下：

一、某投资公司于本判决生效后十日内向某木业公司支付价款392112元及违约金（自2017年5月2日起至实际给付之日止，以392112元为基数，按中国人民银行同期同类贷款基准利率的1.95倍为标准计算）。

二、某投资公司于本判决生效后十日内向某木业公司支付律师代理费2万元。

后某木业公司申请强制执行，经强制执行，被执行人某投资公司无财产可供执行，人民法院作出（2018）苏0206执2952号执行裁定书，裁定终结本次执行程序。

后申请执行人某木业公司向人民法院提出申请要求变更被执行人某投资公司的股东李某祥、顾某兴为本案被执行人，理由是根据最新的《全国法院民商事审判工作会议纪要》精神，要求加速认缴制股东缴款到期责任。

【案件焦点】

作为被执行人的执行案件终结本次执行程序后，申请执行人能否在执行程序中以认缴制出资责任加速到期为由申请变更被执行人股东为本案被执行人。

【法院裁判要旨】

江苏省无锡市惠山区人民法院经审理认为：股东应按照公司章程履行出资义务，现申请执行人某木业公司仅依据某投资公司章程中出资人李某祥、顾某兴出资时间为2034年12月5日前即向本院申请变更被申请人李某祥、顾某兴为被执行人无法律依据，故对于申请执行人某木业公司的申请不予支持。

江苏省无锡市惠山区人民法院依据《中华人民共和国民事诉讼法》第一百五十四条第一款第（十一）项、《最高人民法院关于民事执行中变更、追加当事人若干问题的规定》第十七条之规定，裁定如下：

驳回某木业公司申请变更李某祥、顾某兴为被执行人的申请。

【法官后语】

被执行人为企业法人的执行案件在现实中经常能够遇到，而且这些对象基本都是“皮包公司”，除了一个注册地址基本没有其他任何财产可供执行，随着我国注册资本认缴制的落实，在执行中，这种涉及被执行人为企业法人的执行案件，绝大多数都已终结本次执行程序结案。给诚实守信者带来了司法不信任感，给狡诈者带来了制度的“红利”。

针对现实中存在的这种问题，《全国法院民商事审判工作会议纪要》中针对这种情况予以特别规定：在注册资本认缴制下，股东依法享有期限利益。债权人以公司不能清偿到期债务为由，请求未届出资期限的股东在未出资范围内对公司不能清偿的债务承担补充赔偿责任的，人民法院不予支持。但是，下列情形除外：(1) 公司作为被执行人的案件，人民法院穷尽执行措施无财产可供执行，已具备破产原因，但不申请破产的；(2) 在公司债务产生后，公司股东（大）会决议或以其他方式延长股东出资期限的。

上述指导意见出台后，有部分地区法院开始实践，但各地做法不一，有的直接在执行程序中追加，有的要经过审理程序追加。个人认为要实现股东出资责任加速到期，必须经过审理程序，理由如下：

一、《全国法院民商事审判工作会议纪要》是针对实践中争议较大的审理争议进行一个规范化的裁判尺度统一，其不具有司法解释的强制效力。

二、《全国法院民商事审判工作会议纪要》主要针对的是审理案件中的纠纷，在执行程序中，不应适用。

三、追加、变更股东为被执行人涉及股东的切身利益，应通过完整的审理程序，对股东的实体权益进行保护。

出台《最高人民法院关于民事执行中变更、追加当事人若干问题的规定》的目的是让执行中的主体变更更加有法可依，减少相关当事人的诉累，主要是程序上的变更，但涉及出资责任等实体性权利的追加和变更，个人认为不宜在执行程序中进行，因为这种做法变相地剥夺了相关当事人的实体权利。

编写人：江苏省无锡市惠山区人民法院　陆鑫升

47

超标的查封的认定

——杨某与某矿业公司等执行异议案

【案件基本信息】

1. 裁判书字号

北京市丰台区人民法院（2020）京0106执异701号执行裁定书

2. 案由：执行异议

3. 当事人

申请执行人：杨某

异议人（被执行人）：某矿业公司

被执行人：赵某杰、李某江、沈某嘉、邓某

【基本案情】

北京市丰台区人民法院于2018年9月20日作出的（2017）京0106民初30126号民事判决书已经发生法律效力，判决如下：

一、某矿业公司于本判决生效之日起十日内偿还杨某借款本金2669643.83元；

二、某矿业公司于本判决生效之日起十日内向杨某支付利息（以2669643.83元为基数，从2016年10月10日起，按年利率24%计算至实际付清之日止，以不超过 2830356.17 元为限）；

三、赵某杰、李某江、沈某嘉、邓某对某矿业公司上述还款义务承担连带保证责任；

四、赵某杰、李某江、沈某嘉、邓某承担连带保证责任后，有权向某矿业公司追偿；

五、驳回杨某其他诉讼请求。

如果未能按本判决指定的期间履行给付金钱义务，应当依照《中华人民共和国民事诉讼法》第二百五十三条规定，加倍支付迟延履行期间的债务利息。案件受理费 60100 元、公告费 560 元，由杨某负担 9800 元，由某矿业公司、赵某杰、李某江、沈某嘉、邓某负担 50300 元。

2019 年 4 月 17 日，杨某向北京市丰台区人民法院申请强制执行，法院予以受理，执行案号为（2019）京 0106 执 5170 号。2020 年 6 月 4 日，法院查封某矿业公司所有的碎石 15 万吨。（2019）京 0106 执 5170 号案件的申请执行标的为借款本金 2669643.83 元，利息（以 2669643.83 元为基数，从 2016 年 10 月 10 日起，按年利率 24%计算至实际付清之日止，以不超 2830356.17 元为限）、迟延履行期间的债务利息及相关费用。法院于 2019 年 8 月 30 日发还杨某 56577.63 元，2020 年 5 月 21 日发还杨某 68366 元，2020 年 6 月 19 日发还杨某 100000 元。2020 年 6 月 29 日，法院委托某资产评估事务所（普通合伙）对涉案碎石进行价值评估。2020 年 7 月 21 日，某资产评估事务所（普通合伙）向法院出具评估报告，评估结果为碎石单价为 63 元/吨，总价为 9450000 元。

【案件焦点】

法院查封某矿业公司所有的碎石 15 万吨是否系超标的查封。

【法院裁判要旨】

北京市丰台区人民法院经审理认为：查封被执行人的财产，以其价额足以清偿执行依据确定的债权额及执行费为限，不得明显超标的额查封。本案争议的焦点为，法院查封某矿业公司所有的碎石 15 万吨是否系超标的查封。现涉案碎石的评估价值为9450000元，且拍卖过程中，第一次拍卖的起拍价和保留价最低为评估价的70%，一拍流拍后，再次拍卖的起拍价降价幅度最大为前次起拍价的20%。故法院查封涉案碎石并未明显超出本案未履行的本金、利息、迟延履行期间的债务利息、执行费、评估费及其他费用等各项金额的总和。因此，综合考虑本案的执行标的金额、市场波动、拍卖保留价下浮比例等多重因素，法院对涉案碎石进行查封，并无不当，不属于明显超标的额查封的情形。故某矿业公司的异议请求不能成立，法院不予支持。

北京市丰台区人民法院依照《中华人民共和国民事诉讼法》第二百二十五条，《最高人民法院关于人民法院民事执行中查封、扣押、冻结财产的规定》第二十一条，《最高人民法院关于人民法院网络司法拍卖若干问题的规定》第十条、第二十六条，《最高人民法院关于人民法院办理执行异议和复议案件若干问题的规定》第十七条第（一）项之规定，裁定如下：

驳回某矿业公司的异议请求。

【法官后语】

《最高人民法院关于在执行工作中进一步强化善意文明执行理念的意见》规定严禁超标的查封和乱查封。合理选择执行财产，被执行人有多项财产可供执行的，人民法院应选择对被执行人生产生活影响较小且方便执行的财产执行。禁止明显超标的查封，是指查封被执行人财产的价额，不得明显超出其应当清偿的执行债务及执行费用金额，但该财产为不可分且被执行人无其他可供执行的财产的除外。这是比例原则在查封环节的体现，其制度目的是保护被执行人的合法权益。比例原则，是指执行机构在能采取的各种执行手段中，应采取侵害最小的执行措施；采取的执行措施应当与造成的侵害成比例。在执行异议审查中，应当查明执行债权额、查封标的价额、查封标的能够分别查封，进而判断是否构成“明显超标的查封”。

一、执行债权额

执行债务是指生效法律文书确定的主债权、约定利息、迟延履行债务利息等。对于持续计算的利息等债务，可以根据预计的财产得以处置的时间预留利息。执行费用是指执行费及其他实际支出的费用，包括网络询价费、评估费等。在判断是否明超标的查封时，应将执行债务及执行费用一并计算在内。

二、被执行财产的价额

如何确定被执行财产的价值，是判断是否构成超标的查封的关键，也是司法实践中的难点，需在个案中分别对待。对于价值较高且执行机构难以确定价值的财产，可以适用财产处置参考价的确定方法确定被执行财产的价额。如果被执行的财产存在优先受偿权或者该被执行的财产被轮候查封，应当在确定的价值中予以扣除。

三、明显超出的认定

由于被执行财产的估值可能不准、市场波动、执行债务随着利息的增长不断增加，其他债权人可能参与分配等因素影响，故《最高人民法院关于人民法院民事执行中查封、扣押、冻结财产的规定》第十九条使用了不得“明显超标的额”这一表述。如何判断“明显超标的额”，因财产类型、债务人不同也有所差异，只能在个案中分别判断。

四、除外情形

若被执行人只有一项财产且不可分时，即使该财产的价值明显超出其应清偿的债务金额，查封该财产也不构成明显超标的查封。

本案的争议焦点即执行机构查封的某矿业公司所有的碎石 15 万吨是否系超标的查封。该执行案件的申请执行标的为借款本金 2669643.83 元，利息（以 2669643.83 元为基数，从 2016 年 10 月 10 日起，按年利率 24%计算至实际付清之日止，以不超过 2830356.17 元为限）、迟延履行期间的债务利息及相关费用。法院于 2019 年 8 月 30 日发还杨某 56577.63 元，2020 年 5 月 21 日发还杨某 68366 元，2020 年 6 月 19 日发还杨某 100000 元。执行机构查封的碎石的评估总价为 9450000 元。考虑到在拍卖过程中，第一次拍卖的起拍价和保留价最低为评估价的 70%，一拍流拍后，再次拍卖的起拍价降价幅度最大为前次起拍价的 20%。故法院查封涉案碎石并未明显超出本案未履行的本金、利息、迟延履行期间的债务利息、执行费、评估费及其他费用等各项金额的总和。因此，综合考虑本案的执行标的金额、市场波动、拍卖保留价下浮比例等多重因素，法院对涉案碎石进行查封，并无不当，不属于明显超标的额查封的情形。

编写人：北京市丰台区人民法院　赵乾

48

股东出资应否加速到期在执行程序中的认定

——某建筑设备租赁公司与某劳务公司等执行异议案

【案件基本信息】

1. 裁判书字号

浙江省温岭市人民法院（2020）浙 1081 执异 10 号执行裁定书

2. 事由：执行异议纠纷

3. 当事人

申请执行人：某建筑设备租赁公司

被执行人：某劳务公司

被申请人：赵某、叶某辉

【基本案情】

某建筑设备租赁公司与某劳务公司建筑设备租赁合同纠纷一案，浙江省温岭市人民法院于 2019 年 5 月 24 日作出（2019）浙 1081 民初 3462 号民事判决。判决生效后，某劳务公司未按期履行判决的给付金钱义务，某建筑设备租赁公司向法院申请执行。法院于 2019 年 7 月 3 日立案执行，案件标的为 90 万元。在执行过程中，法院未发现被执行人有财产可供执行，法院于 2019 年 12 月 17 日作出裁定，终结本次执行程序。

某劳务公司成立于 2011 年 6 月 23 日，现赵某、叶某辉为公司自然人股东，股东出资方式为认缴出资，其中赵某认缴出资630万元，99.9万元已足额缴纳，剩余530.1万元于2064年12月31日到位；其中叶某辉认缴出资70万元，11.1万元已足额缴纳，剩余58.9万元于2064年12月31日到位。

申请执行人某建筑设备租赁公司向法院提出书面申请，要求追加认缴出资股东赵某、叶某辉为被执行人。

【案件焦点】

公司作为被执行人的案件，人民法院能否在执行程序中判定股东认缴出资应加速到期并追加出资未到期的股东为被执行人。

【法院裁判要旨】

浙江省温岭市人民法院经审理认为：执行过程中，申请执行人或其继承人、权利承受人可以向人民法院申请变更、追加当事人。申请符合法定条件的，人民法院应予支持。根据《最高人民法院关于民事执行中变更、追加当事人若干问题的规定》第十七条的规定，“作为被执行人的企业法人，财产不足以清偿生效法律文书确定的债务，申请执行人申请变更、追加未缴纳或未足额缴纳出资的股东、出资人或依公司法规定对该出资承担连带责任的发起人为被执行人，在尚未缴纳出资的范围内依法承担责任的，人民法院应予支持”。即法院可在法定条件下依法追加未缴纳或未足额缴纳出资的股东、出资人或依公司法规定对该出资承担连带责任的发起人为被执行人，但没有在执行审查程序中判定股东出资加速到期的规定。本案中，两被申请人（股东）认缴的出资未届履行期限，其依法享有期限利益，在公司债务产生后，被执行人及两被申请人未以公司股东会决议或其他方式延长股东出资期限。在执行过程中，法院穷尽执行措施未发现被执行人有财产可供执行，已终结本次执行程序，但申请执行人未申请被执行人破产。综上，在执行审查程序中，无法判定股东出资应加速到期，故法院对申请执行人的追加请求不予支持。

浙江省温岭市人民法院依照《最高人民法院关于民事执行中变更、追加当事人若干问题的规定》第十七条和第三十二条的规定，裁定如下：

驳回申请执行人某建筑设备租赁公司的追加申请。

【法官后语】

一、股东认缴出资加速到期特定情形的立法评析

1. 法定情形限于公司破产与清算

在注册资本认缴制下，规定股东的认缴出资加速到期的，目前只有《中华人民共和国企业破产法》第三十五条规定和《最高人民法院关于适用〈中华人民共和国公司法〉若干问题的规定（二）》第二十二条第一款规定。前者是破产情形，后者则是清算情形。

2. 执行立法无规定能在执行程序中判定股东出资加速到期

根据《最高人民法院关于民事执行中变更、追加当事人若干问题的规定》第十七条的规定，法院可在法定条件下依法追加未履行或未足额履行出资义务的出资的股东、出资人或依公司法规定对该出资承担连带责任的发起人为被执行人，但并无规定在执行审查程序中判定股东认缴出资加速到期，也无规定可追加认缴出资未到期的股东为被执行人。所以，从立法上看，股东出资应加速到期的特定情形不包括执行程序。

二、在执行程序中，无法判定股东出资应加速到期

1. 股东出资加速到期问题的实质透视分析

股东出资义务是否加速到期，实质是股东出资的期限利益是否应予保护的问题。笔者认为法院无法直接在执行程序中剥夺股东出资期限利益。第一，立法是明确肯定认缴制下股东享有的期限利益的，对此不存在歧义。第二，尽管公司营业执照中未公示实缴资本，但企业信用信息网中公示了注册资金与实缴资本的情况栏。分期认缴出资经过公示，也就不存在股东出资期限权益侵害了债权人求偿权益的说法。如债权人自甘冒险或怠于注意，应风险自担。第三，为防止股东假借认缴制开空头支票，法律已设计了公司破产与清算程序中的加速到期制度，与个别受偿的执行加速到期制度不同，其制度合理性在于保障全体债权人公平受偿。为保障个别自甘冒险或怠于注意的债权人受偿，剥夺股东合法的出资期限利益，其合理性、合法性令人质疑。第四，穷尽执行措施无财

产可供执行并不代表面临注销风险。

2. 股东出资加速到期问题的实践需求分析

经法院执行，公司仍不能履行完毕的有两种情形：一种是持续不能清偿债务。这种情形下，其往往也资不抵债，具备破产条件。此时，按照《中华人民共和国企业破产法》第二条，更应保障全体债权人的利益，如果允许这单个债权人向出资未届履行期限的股东直接追索，等于个别清偿，不符合企业破产法精神。另外，申请执行人追求在执行中判定股东出资加速到期，实质所钻营的是执行个别清偿的高清偿率。另一种是暂时不能清偿债务。这种情形下，申请执行人完全可以通过执转破程序申请破产以倒逼股东履行出资义务，从而实现债权清偿。从经济角度考虑，股东也愿意支付。若增设执行加速到期，那么申请人为了私利定会在执行程序中极力追求加速到期，不利于市场持久活力发展。

此外，现在启动执转破程序是简单的，且破产制度的深远意义恰恰是通过个案的较大成本去降低社会总成本。综上，公司作为被执行人的案件，穷尽执行措施无财产可供执行的，法院无权也无法在执行程序中判定股东认缴出资应加速到期，无法追加出资未到期的股东为被执行人，增设执行加速股东出资到期制度亦毫无实际意义。

编写人：浙江省温岭市人民法院　潘慧斌

49

追加一人公司原股东为被执行人的司法认定标准

——金某有诉施某梅、第三人甲商贸公司案外人执行异议之诉案

【案件基本信息】

1. 裁判书字号

北京市第二中级人民法院（2020）京02民终1432号民事判决书

2. 案由：案外人执行异议之诉

3. 当事人

原告（上诉人、案外人）：金某有

被告（被上诉人、申请执行人）：施某梅

第三人（被执行人）：甲商贸公司

【基本案情】

2016年2月14日，北京市丰台区人民法院依法作出（2015）丰民（商）初字第23191号民事判决书，判决甲商贸公司于判决生效之日起十日内给乙商贸公司货款545064.5元；甲商贸公司于判决生效之日起十日内给乙商贸公司货款23165元。

2016年5月24日，乙商贸公司向北京市丰台区人民法院申请执行，该法院依法作出（2016）京0106执3310号执行裁定书。2018年9月28日，施某梅向北京市丰台区人民法院提交变更申请执行人申请书；2018年11月21日，北京市丰台区人民法院依法作出（2018）京0106执异637号执行裁定书，裁定变更施某梅为（2016）京0106执3310号案件的申请执行人。2019年5月27日，施某梅向北京市丰台区人民法院申请追加金某有为（2016）京0106执3310号案件的被执行人；2019年7月26日，北京市丰台区人民法院作出（2019）京0106执异590号执行裁定书，裁定追加金某有为（2016）京0106执3310号案件的被执行人。金某有对（2019）京0106执异590号执行裁定书不服。

【案件焦点】

金某有作为一人公司原股东，转让股权后，是否还应追加其为被执行人，要求其对甲商贸公司债务承担连带责任。

【法院裁判要旨】

北京市丰台区人民法院经审理认为：作为被执行人的一人有限责任公司（以下简称一人公司），财产不足以清偿生效法律文书确定的债务，股东不能证明公司财产独立于自己的财产，申请执行人申请变更、追加该股东为被执行人，对公司债务承担连带责任的，人民法院应予支持。故在一人公司财产不足以清偿生效法律文书确定的债务时，股东应举证证明其财产独立于公司财产，如果股东无法就此提交相应证据，则应当承担相应的法律后果。本案中，乙商贸公司与甲商贸公司形成买卖合同关系并发生纠纷及法院（2015）丰民（商）初字第23191号民事判决书作出时，金某有系被执行人甲商贸公司的唯一股东。现甲商贸公司财产不足以清偿生效法律文书确定的债务，金某有应当就其在担任甲商贸公司股东时个人财产独立于甲商贸公司财产加以证明。金某有提交的《验资报告书》仅能证明其在甲商贸公司成立时缴纳了出资，但不足以证明其财产独立于甲商贸公司，故施某梅作为涉案债权的受让人，有权申请变更、追加金某有为被执行人，对公司债务承担连带责任。金某有辩称《最高人民法院关于民事执行中变更、追加当事人若干问题的规定》第二十条规定的仅能追加现股东为被执行人，于法无据，不予采信。

北京市丰台区人民法院依照《最高人民法院关于民事执行中变更、追加当事人若干问题的规定》第二十条、第三十三条之规定，判决如下：

驳回金某有的诉讼请求。

金某有不服一审判决，提起上诉。北京市第二中级人民法院经审理认为：本案中，各方对《最高人民法院关于民事执行中变更、追加当事人若干问题的规定》中相关规定的理解和适用出现争议，施某梅要求追加金某有为被执行人，金某有、甲商贸公司主张根据前述规定仅能追加现股东为被执行人。就此，应结合公司法基本原则和一人公司的相关规定，综合予以分析。

一人公司的股东依法负有将其个人财产与公司财产相独立的义务。股东个人财产与公司财产相独立，是法律承认一人公司独立人格、赋予股东有限责任的前提条件。一人公司股东对公司财产与股东个人财产是否独立负举证责任。根据《中华人民共和国公司法》第六十三条“一人有限责任公司的股东不能证明公司财产独立于股东自己的财产的，应当对公司债务承担连带责任”的规定，一人公司与债权人发生纠纷时，公司股东应当提供证据证明公司财产与自身财产相互独立，如不能证明，则应对公司债务承担连带责任。

否认公司法人人格，由滥用公司法人独立地位和股东有限责任的股东对公司债务承担连带责任，是股东有限责任的例外情形。公司法人独立地位与股东有限责任是公司法人人格制度的根本特征，司法实践中应注意平等保护公司法人独立地位、股东有限责任和债权人利益。但公司法人独立地位和股东有限责任亦不得滥用。《中华人民共和国公司法》第二十条第一款、第三款“公司股东应当遵守法律、行政法规和公司章程，依法行使股东权利，不得滥用股东权利损害公司或者其他股东的利益，不得滥用公司法人独立地位和股东有限责任损害公司债权人的利益”“公司股东滥用公司法人独立地位和股东有限责任，逃避债务，严重损害公司债权人利益的，应当对公司债务承担连带责任”，《最高人民法院关于民事执行中变更、追加当事人若干问题的规定》第二十条“作为被执行人的一人有限责任公司，财产不足以清偿生效法律文书确定的债务，股东不能证明公司财产独立于自己的财产，申请执行人申请变更、追加该股东为被执行人，对公司债务承担连带责任的，人民法院应予支持”的规定，即是禁止滥用公司法人独立地位和股东有限责任的具体体现。

本案中，（2015）丰民（商）初字第23191号民事判决确认的乙商贸公司对甲商贸公司的债权经两次转让后，由施某梅取得，且施某梅已经生效法律文书确认变更为（2016）京0106执3310号案件的申请执行人，甲商贸公司应向施某梅清偿债务。根据（2016）京0106执3310号执行裁定，作为被执行人的甲商贸公司财产不足以清偿生效法律文书确定的债务，申请执行人施某梅有权申请追加甲商贸公司的股东为被执行人，对甲商贸公司该债务承担连带责任。金某有作为（2015）丰民（商）初字第23191号民事判决生效时甲商贸公司的唯一股东，该案所涉乙商贸公司与甲商贸公司之间形成的买卖合同关系发生于金某有作为甲商贸公司股东和法定代表人期间，即本案所涉债务是金某有作为甲商贸公司一人股东期间发生。依据《中华人民共和国公司法》第六十三条之规定，金某有应当就其在担任甲商贸公司股东期间个人财产独立于甲商贸公司财产加以证明，否则应当承担法律后果。金某有在一审、二审期间均不能就此证明，构成滥用公司法人独立地位和股东有限责任，逃避债务，严重损害公司债权人利益。故金某有应当对涉案债务承担连带责任。

金某有上诉主张甲商贸公司股东已于 2016 年 3 月 25 日经股东会决议由金某有变更为金某昌，其不应承担相应责任。依据《中华人民共和国公司法》第二十条的规定，只要存在滥用公司法人独立地位和股东有限责任，逃避债务，严重损害公司债权人利益的行为，该股东即应对公司债务承担连带责任。金某有逃避债务、严重损害公司债权人利益的行为，发生在其担任甲商贸公司一人股东期间，不因后来其股东身份的变更该行为即不复存在、形成的损害后果就自然消失，该次股东变更发生在一审法院作出要求甲商贸公司向乙商贸公司给付货款的判决之后，且金某有作为股东时，存在与公司财产混同的情形，直到北京市丰台区人民法院追加其为被执行人时仍未得到改变，故金某有仍应对其所实施的行为承担责任。

北京市第二中级人民法院依照《中华人民共和国民事诉讼法》第一百七十条第一款第（一）项规定，判决如下：

驳回上诉，维持原判。

【法官后语】

法人人格独立制度与股东有限责任制度是现代公司法的两大基石，在推动我国公司制度蓬勃发展的同时，也为社会经济的繁荣提供了强大动能。但随之而来的是，个别股东滥用该两项制度逃避债务、损害公司及其他股东或债权人利益的现象愈演愈烈，进而引发市场经济秩序的混乱。一人公司作为我国公司法中规定的一类特殊公司形式，其特殊性集中体现为“一人股东”，即意味着该股东在公司享有绝对控制权，使得股东滥用公司法人人格独立地位及股东有限责任制度的风险性大大提高。司法实践中，一人股东“滥用”行为也的确屡见不鲜。

法人人格否认制度的设计，为合理约束该两项制度带来的弊端、治理“滥用”行为，进而实现公司、股东及债权人之间的利益平衡提供了路径。而基于一人公司的前述特殊性，立法对于一人公司法人人格否认，则设置了更低的门槛，主要体现为：(1) 在《中华人民共和国公司法》第六十三条中，明确了举证责任倒置规则，即需由一人股东举证证明其个人财产独立于公司财产，否则对公司债务承担连带责任；(2) 在《最高人民法院关于民事执行中变更、追加当事人若干问题的规定》中，实现了追加一人公司股东的程序便利，即一人股东只要满足一人公司法人人格否认条件，公司财产不足以清偿债务，则该股东直接被列为被执行人承担连带责任。但在现行法律框架下的司法实践中，当事人仍会就相关问题产生争议。

本案中，各方当事人的争议焦点为对《最高人民法院关于民事执行中变更、追加当事人若干问题的规定》第二十条的法律理解与适用问题，具体为该条中规定的“股东”范围是否及于已经进行股权转让的“原股东”。笔者认为，在因现行规定未予详尽而引起当事人之间发生争议时，应立足立法目的并结合实践及案件中的具体情况进行理解与认定。

基于实践中大量出现借助违规注销企业、滥用公司法人独立地位及股东有限责任等方式逃避债务、规避执行的情况，最高人民法院制定出台《关于民事执行中变更、追加当事人若干问题的规定》，旨在反制规避执行，迅速实现债权，保障债权人的合法权益。具体到该规定第二十条规制的一人公司股东追加问题，实践中也的确经常发生如下情形：一人公司原股东欠付大量债务后，通过变更股权退出公司，从而达到逃避公司债务的目的。因此，对于《最高人民法院关于民事执行中变更、追加当事人若干问题的规定》第二十条中的“股东”承担连带责任，不应以其为“原股东”还是“现股东”“一刀切”认定是否担责，而应结合债务发生的时间、股东与一人公司是否存在财产混同情况以及股权转让发生的时间等因素综合考量认定。

回归本案，涉案债务发生于金某有担任甲商贸公司一人股东期间，金某有不能举证证明其任股东期间个人财产与公司财产的相互独立。本案纠纷发生时，虽然金某有已将甲商贸公司股权转让给案外人金某昌，但涉案债务经生效判决确认发生于金某有转让股权之前。案涉债务系在金某有担任甲商贸公司股东期间产生，因此，金某有在不能证明其任股东期间个人财产独立于公司的情况下，应就该期间发生的债务承担连带责任。

需另外说明的一点是，对于本案中金某有以其作为原股东已实缴出资为由主张其不应承担责任的观点，是将股东出资瑕疵责任与人格混同责任相混淆的结果。该两种责任基于股东不同的行为而产生，责任承担形式也不相同，不应混为一谈。在现有法律框架下，股东基于人格混同产生的连带责任不因其全面履行出资义务而豁免。

编写人：北京市第二中级人民法院　赵银豪　洪靓

50

进入执行程序前变更法定代表人能否对原法定代表人采取限高措施

——某配件厂、某纺织公司申请纠正限高措施案

【案件基本信息】

1. 裁判书字号

江苏省无锡市惠山区人民法院（2020）苏0206执恢100号执行决定书

2. 事由：申请纠正限高措施

3. 当事人

申请人：魏某林

被申请人（申请执行人）：某配件厂

被执行人：某纺织公司

【基本案情】

江苏省无锡市惠山区人民法院在执行申请执行人某配件厂与被执行人某纺织公司返还不当得利纠纷一案中，因某纺织公司未履行生效法律文书所确定的

义务，故法院向某纺织公司发出限制消费令。因某纺织公司法定代表人丁某芬已死亡，无法关联其限制消费，故法院关联某纺织公司原法定代表人及实际控制人魏某林限制消费。

某纺织公司于2008年11月5日登记注册，魏某林与其妻子为某纺织公司股东，由魏某林担任某纺织公司法定代表人。2017年11月28日变更为丁某芬。企业信用信息公示报告和企查查报告载明魏某林持有某纺织公司70%股权，系某纺织公司的大股东、实际控制人。另查明，（2018）苏0206民初4187号民事判决中法院认为：甲公司与某纺织公司一致认为，魏某林是以某纺织公司的名义签订的出口代理协议。

以上事实，有（2020）苏0206执恢100号限制消费令、（2018）苏0206民初4187号民事判决书、企业信用信息公示报告、企查查报告、双方陈述等在卷作证。

【案件焦点】

进入执行程序前变更法定代表人的，能否对原法定代表人采取限高措施。

【法院裁判要旨】

江苏省无锡市惠山区人民法院经审理认为：现行法律规定，被执行人未按执行通知书指定的期间履行生效法律文书确定的给付义务的，人民法院可以采取限制消费措施，限制其高消费及非生活或者经营必需的有关消费。被执行人为单位的，被采取限制消费措施后，被执行人及其法定代表人、主要负责人、影响债务履行的直接责任人员、实际控制人不得实施前款规定的行为。在限制消费期间，被执行人提供确实有效的担保或者经申请执行人同意的，人民法院可以解除限制消费令；被执行人履行完毕生效法律文书确定的义务的，人民法院应当解除限制消费令。

根据本案据以执行的（2018）苏0206民初4187号民事判决查明的事实，魏某林原为某纺织公司的法定代表人、股东，其以某纺织公司的名义签订出口代理协议，可以认定魏某林是案涉贸易项目的经办人。根据公示的企业信用信息公示报告和企查查报告，魏某林是某纺织公司占股70%的大股东、实际控制人。综上，可以认定魏某林系某纺织公司的实际控制人，对某纺织公司的债务清偿安排产生直接影响。此外，某纺织公司尚未履行生效法律文书确定的给付义务，可以对魏某林采取限制消费措施。因此，魏某林的纠正申请，没有法律依据，法院不予支持。

江苏省无锡市惠山区人民法院依照《中华人民共和国民事诉讼法》第二百五十五条，《最高人民法院关于公布失信被执行人名单信息的若干规定》第一条、第二条、第十一条、第十二条的规定，决定如下：

驳回魏某林的纠正申请。

【法官后语】

《最高人民法院关于限制被执行人高消费及有关消费的若干规定》第三条规定，被执行人为自然人的，被采取限制消费措施后，不得有高消费及非生活和工作必需的消费行为。被执行人为单位的，被采取限制消费措施后，被执行人及其法定代表人、主要负责人、影响债务履行的直接责任人员、实际控制人不得实施前款规定的行为。

《最高人民法院关于在执行工作中进一步强化善意文明执行理念的意见》第十七条第一款第（二）项规定，单位被执行人被限制消费后，其法定代表人、主要负责人确因经营管理需要发生变更，原法定代表人、主要负责人申请解除对其本人的限制消费措施的，应举证证明其并非单位的实际控制人、影响债务履行的直接责任人员。举证通常可以通过以下几个方面进行：第一，提供证据证明自己并非被执行人工商登记中的法定代表人。第二，提供证据证明单位确因经营管理需要而变更法定代表人。第三，提供证据证明原法定代表人仅是挂名的法定代表人。第四，提供证据证明其不持有被执行人的股权或者已转让股权，不是被执行人的股东。第五，提供证据证明其在被采取限制消费措施之前，一直都在其他单位任职。第六，提供证据证明现任的法定代表人才是被执行人的实际控制人。

本案中，魏某林辩称其并非某纺织公司法定代表人、主要负责人、实际控制人，不应该被法院列为限制消费的对象，但未提供相应证据予以证明。在某纺织公司未履行生效法律文书确定的义务的情况下，法院根据工商登记的公示信息认定魏某林系某纺织公司的实际控制人，将魏某林限制消费，于法有据，故驳回魏某林的纠正申请。执行决定书作出后，魏某林未申请复议。

此外，被限制消费、被纳入失信名单的被执行人应当如何救济—复议程序救济还是通过纠正—复议程序救济？根据《最高人民法院关于在执行工作中进一步强化善意文明执行理念的意见》第十八条的规定，“……对被采取限制消费措施申请纠正的，参照失信名单规定第十二条规定办理……”《最高人民法院关于公布失信被执行人名单信息的若干规定》第十二条第一款规定，“公民、法人或其他组织对被纳入失信被执行人名单申请纠正的，执行法院应当自收到书面纠正申请之日起十五日内审查，理由成立的，应当在三个工作日内纠正；理由不成立的，决定驳回。公民、法人或其他组织对驳回决定不服的，可以自决定书送达之日起十日内向上一级人民法院申请复议。上一级人民法院应当自收到复议申请之日起十五日内作出决定”。这一救济途径，被限制消费、被纳入失信名单的被执行人应当予以重视，避免因选择错误而导致不必要的诉累。

编写人：江苏省无锡市惠山区人民法院　尤佳

51

执行特定标的物灭失应另行起诉请求赔偿损失

——某电子工业公司与某科技公司执行异议案

【案件基本信息】

1. 裁判书字号

广东省深圳市福田区人民法院（2019）粤0304执异178号执行裁定书

2. 事由：执行异议纠纷

3. 当事人

异议人（被申请执行人）：某电子工业公司

申请执行人：某科技公司

【基本案情】

广东省深圳市中级人民法院（2011）粤深中法民二终字第1569号民事判决书（以下简称生效判决）已于2011年11月30日发生法律效力，判决某科技公司应在判决生效之日起十日内向某电子工业公司支付227161.83美元，某电子工业公司应在收到上述款项后十日内向某科技公司交付E553型手机主板471个、E558型手机主板6334个（以下简称涉案货物）；某科技公司应在判决生效之日起十日内向某电子工业公司赔偿逾期付款的利息损失（以227161.83美元为基数，从2009年2月4日起，按中国银行股份有限公司执行的同期美元贷款基准利率计至判决确定的还款期限届满之日止）。

某科技公司在另案执行过程中向法院支付应向某电子工业公司支付的执行款2572547.79元后，因某电子工业公司未交付涉案货物，某科技公司向法院申请执行，案号为（2019）粤0304执5083号。立案后，法院依法向某电子工业公司发出执行通知书，要求交付涉案货物。因某电子工业公司一直未能交付涉案货物，某科技公司以某电子工业公司无法履行交付义务，要求法院退还其交纳的执行款。2016年3月16日，法院向某电子工业公司发出限期交货通知，告知其某科技公司已全额履行判决确定的金钱给付义务，要求某电子工业公司在收到通知后五日内交货。鉴于某电子工业公司未在法院指定期限内交付涉案货物，法院执行机构作出（2019）粤0304执5083号《退还执行款通知书》，通知某电子工业公司拟将执行到的执行款2572547.79元退还某科技公司。某电子工业公司不服法院关于将执行款退还某科技公司的决定，遂对上述通知书提出执行异议，请求将执行款支付给某电子工业公司。

2019年4月26日，某电子工业公司与某科技公司在执行人员的见证下对货物进行查验。经双方确认，某电子工业公司交付的货物并非生效判决确定的涉案货物。

【案件焦点】

某电子工业公司不能向某科技公司交付特定货物时，是应将货款及利息直接退还某科技公司，还是另行起诉赔偿损失。

【法院裁判要旨】

广东省深圳市福田区人民法院经审理认为：执行标的为特定物的，应当执行原物。原物确已毁损或者灭失的，经双方当事人同意，可以折价赔偿。双方当事人对折价赔偿不能协商一致的，人民法院应当终结执行程序，申请执行人可另行起诉请求赔偿损失。本案执行依据中确定交付的货物为按合同约定定制的手机主板，属于特定物。而在交付特定物执行中，当特定物已经毁损或灭失，当事人对原物折价赔偿又不能协商一致时，由此产生的赔偿争议就是一个新的实体权利义务争议，已经超出了原执行依据确认的权利义务，根据审执分离原则，这一新的实体权利义务的审查和判定应当通过审判程序解决。某科技公司支付的款项并非单纯是某电子工业公司未交付的涉案货物的对价，不能因为某电子工业公司未交付涉案货物，即不考虑双方在判决生效后的履行情况及电子产品的市场价格波动简单地将执行款退还给某科技公司。法院执行机构发出《退还执行款通知书》，拟将某科技公司支付的执行款2572547.79元退还某科技公司的执行行为不当，应予撤销。因此，广东省深圳市福田区人民法院依照《中华人民共和国民事诉讼法》第一百五十四条第一款第（十一）项、第二百二十五条的规定，裁定如下：

一、撤销（2019）粤0304执5083号《退还执行款通知书》；

二、驳回异议人某电子工业公司的其他异议。

双方当事人均不服，申请复议。广东省深圳市中级人民法院裁定维持福田区人民法院的执行裁定。

【法官后语】

在执行过程中，执行的标的物根据物在交易中的取得方式可分为种类物、特定物。种类物与特定物的区别是可替代性和价值的易得性。而种类物有较高的可替代性，其价值比较容易确定，往往有市场价格可供参考。而特定物则具有明显的个别特征，不具有可替代性或可替代的程度较低，且其价值不易确定。正是由于二者的上述本质区别，导致不同的物在执行时所适用的法律和执行方式不同。

一、关于种类物损毁、灭失情况下的处理

判决交付为种类物的，由于具有较强的可替代性，有市场价作为判断其价值的参考，其价值通常容易确定。即使种类物灭失，仍可通过交付同样的种类、品质、数量的物进行同一义务的履行，并不消灭义务人的履行义务。为了避免当事人诉累，提高法院执行效率，执行法官可在调查了解市场价格的基础上确定其价值，继续执行折价赔偿，而不需要当事人另行起诉以确定赔偿数额。因此，《最高人民法院执行办公室关于判决交付特定物灭失后如何折价问题的复函》（〔2000〕执他字第31号）对种类物的执行进行规范，即被执行人有种类物的，执行法院直接执行即可；如被执行人无该种类物，应发出履行通知书要求被执行人依判决购买该种类物偿还债务；被执行人拒不购买交付的，执行法院可以该种类物的现时市场价格及运费确定其债务数额，命被执行人预行交付；拒不交付的，可裁定强制执行被执行人的其他财产。

二、关于特定物损毁、灭失情况下的处理

《最高人民法院关于人民法院执行工作若干问题的规定（试行）》第四十一条规定，生效法律文书确定被执行人交付特定标的物的，应当执行原物。原物被隐匿或非法转移的，人民法院有权责令其交出。原物确已毁损或灭失的，经双方当事人同意，可以折价赔偿。《最高人民法院关于适用〈中华人民共和国民事诉讼法〉的解释》第四百九十四条规定，执行标的为特定物的，应当执行原物。原物确已毁损或者灭失的，经双方当事人同意，可以折价赔偿。双方当事人对折价赔偿不能协商一致的，人民法院应当终结执行程序。申请执行人可另行起诉。那是基于特定物一旦损毁、灭失，交付特定物的义务则无法继续履行，义务人只能通过金钱赔偿代替交付义务的履行。而当事人在执行过程中往往难以就赔偿数额协商一致，而且双方会对特定物的价值产生较大争议。从执行程序本身功能看，执行程序旨在实现执行依据确定的执行内容的权利。而执行依据确定的是交付特定物，而特定物已经毁损或灭失的情况下，当事人对原物折价赔偿又不能协商一致时，双方当事人由此产生的赔偿纠纷就涉及新的实体权利义务争议的认定，已经超出了原执行依据确认的权利义务，根据审执分离原则，这一新的实体权利义务的审查和判定应当通过另一个审判程序解决。在此情况下，执行案件只能终结执行。而并非在执行阶段直接推翻整份生效判决确定的义务，由执行法官确定申请执行人的损失金额。

编写人：广东省深圳市福田区人民法院　徐海玉

52

非法吸收公众存款案涉案款全额追缴的实现路径

——某投资公司等非法吸收公众存款案

【案件基本信息】

1. 裁判书字号

陕西省咸阳市中级人民法院（2019）陕04刑终146号、147号刑事判决书

2. 案由：非法吸收公众存款

3. 当事人

集资参与人：430余名群众

被告人：某投资公司及詹某、由某等12人

【基本案情】

自2010年12月至2015年4月，某投资公司在旬邑县非法向社会不特定对象吸收资金8950.7万元。2015年4月，某投资公司资金链断裂，未兑付金额2712.9万元，涉及集资参与人430余名。陕西省咸阳市旬邑县人民法院依法对被告单位某投资公司及12名被告人，以非法吸收公众存款罪判处相应的刑罚。

该案上诉期间，涉案标的款2700余万元全部追回，二审法院陕西省咸阳市中级人民法院考虑到此情节，减轻了部分被告人的刑罚。

一审法院查明该案涉案款项的去处主要包括四部分：(1) 部分款项用于购买某林地项目，位于商洛市某林地开发公司林权18012.3亩。(2) 部分款项用于购买某大厦（位于西安市太白南路与科创什字西北角），因某投资公司未付清尾款，随着楼价上涨，出卖方便与某投资公司发生纠纷，进行诉讼，此部分财产是涉案财产的最主要部分。(3) 部分款项用于向关联公司投资。且某投资公司及关联公司频繁更换公司股东、法人，多次转换股权，导致吸收的资金难以查实。(4) 部分款项用于给相关主管和业务员支付提成费用。

追缴过程中发现，某林地项目不易执行。因此某大厦成为涉案款能够追回的最大希望，但仍存在纠纷，若等争议财产诉讼结束，权属明确后再执行，时间跨度非常大，集资参与人权益很难得到及时保护。

【案件焦点】

涉及人数众多、涉案金额巨大，且在主要涉案财产存在纠纷的情况下，非法吸收公众存款涉案款如何全额追缴到位。

【法院裁判要旨】

陕西省咸阳市旬邑县人民法院经审理认为：某投资公司以创业投资名义向社会公众募集资金，违反《创业投资企业管理暂行办法》单个投资者对创业投资企业的投资不得低于100万元人民币的规定，在相关部门发现并致函要求停止向社会公众募集资金后仍设立分公司，以高息为诱饵，扰乱金融秩序，非法向社会不特定对象吸收资金，构成非法吸收公众存款罪，属于单位犯罪。在其资金链已经断裂的情况下，保护430余名集资参与人的利益，追缴涉案款是重中之重。于是，陕西省咸阳市旬邑县人民法院定性快、出手快、追缴快、力度强，将涉案款项全额追缴。

按照法律规定，非法吸收公众存款罪对涉案款项应予以追缴。只要涉案款项数额确定，就可以追缴，即使在当事人上诉期间，法院仍可继续展开追缴工作。于是该案在一审审理期间，法院“定性快”，对非法吸收公众存款案迅速定性后，旋即加班加点，在最短的时间内确定了涉案款金额 2700 万。涉案金额确定后，法院“出手快”，立即采取“查、冻、扣”等措施查控财产，冻结詹某名下存款 26 万余元；向涉案财产房产公司发出刑事裁定，协助查封某小区商品房 1 套；向房管部门发出协助查封通知，查封某物业公司涉案房产 178 套。法院“追缴快”，在审理期间就查清了 2700 余万涉案款的去向，经过逐一摸排，迅速锁定某大厦是能追回涉案款的关键。虽然某大厦还存在纠纷诉讼，但随着房价的上涨，某大厦不断增值，有的公司便想收购某投资公司。在双方谈判收购过程中，法院全程参与，从中全方位监督、不断协调。针对收购意向公司出具的保函，法官多次前往云南、河南、北京等地核实，对不具有执行力的公司排除收购资格。经过长达近两年的努力，某公司与某投资公司协商一致，自愿代其偿还 600 万涉案款；某生物投资公司与某投资公司协商一致，自愿代其偿还 2000 万涉案款。但该生物公司目前无现金支付该笔款项，愿将其一投资项目的保证金 2000 万作为偿还债务资金来源，该笔保证金储存于商务部指定的专户中。经过多次反复协商、多方不断协调，最终通过省商务厅解封了该笔资金，法院前往北京冻结、扣划了其中 1900 余万元。

同时，联合追缴“力度强”。一方面，抽调精干力量组成工作专班，先后数十次前往西安、咸阳、安康等地查控涉案车辆 4 辆、房产 1 套、其他财产 200 余万元。另一方面，与其他法院、公安机关协调解决财产处置问题。被告人还因民事纠纷，被其他法院冻结财产。根据 2014 年 10 月 30 日发布的《最高人民法院关于刑事裁判涉财产部分执行的若干规定》第十三条的规定，被执行人在执行中同时承担刑事责任、民事责任，其财产不足以支付的，按照先退赔被害人的损失，再承担其他民事债务的顺序执行。陕西省咸阳市旬邑县人民法院奔赴其他法院协商沟通，根据先退赔被害人的损失，再承担其他民事债务的顺序，追回部分涉案款。

最终，该案涉案款 2700 余万元全部追缴到位。2021 年 4 月 30 日，在旬邑县体育场召开了兑付大会，该涉案款项现已全部兑付给 430 余名投资人。

【法官后语】

非法吸收公众存款案件，涉及社会不特定对象，人数众多，涉案金额大，案发时被告人往往资不抵债，追缴涉案款异常困难。笔者认为，全额追缴涉案款应从以下几个方面全面发力。

一、查清涉案款项的“来龙去脉”是基础

在非法吸收公众存款案件中，被告人常常以高息为诱饵，向社会不特定对象进行集资，为了赢得更多集资参与人的“信任”，他们在最开始时一般采取“拆东墙补西墙”的方式向集资参与人兑现利息。长此以往，等到资金链断裂被发现时，涉案财产几乎都消耗殆尽，所剩无几。因此，想要追缴涉案款就必须查清楚该款项的“去处”，逐一排查可供执行的财产线索，并对所有线索进行摸排核实登记造册，这样才能为追缴工作做好铺垫。

二、“三快一强”追缴涉案款是核心

非法吸收公众存款案涉案款依法必须予以追缴，只要数额确定即可追缴，即使在当事人上诉期间，法院也可对涉案款项继续追缴。因此，为了防止被告人转移资产，法院应采用“三快一强”的方式追缴涉案款，即案件定性快、查控财产出手快、追缴速度快、联合追缴力度强，这就是非法吸收公众存款案全额追缴的实现途径。

“案件定性快”，一审法院在审理期间，要快速对案件类型进行定性研判，一旦确定为非法吸收公众存款案，就要在最短时间内确定涉案款项的具体数额。“查控财产出手快”，确定数额后，法院就可采取冻结、查封、扣划等措施对涉案款进行追缴，即使当事人上诉，案件进入二审程序，追缴工作也不应懈怠。“追缴速度快”，在审理期间就查清涉案款的“来龙去脉”，逐一摸排核实，迅速锁定可供追缴的财产线索，沉下身子下茬立势跟踪挖掘。对易于执行和难以变现的财产进行划分整理，重点突击易于执行的财产。当所有财产可能资不抵债时，就要对一切可能执行的财产线索全面摸排，多点发力，多点执行，这样才能最大限度地追缴回更多涉案款项。如果被告人提供了保函，法院就要去开具保函的银行亲自查询保函的真伪，以及是否可供执行等情况。

“联合追缴力度强”，在追缴涉案款时要与相关单位（公司）联合追缴，形成合力。一方面，与财产线索相关的公安机关、法院及其他单位保持紧密联系、资源共享、信息互通，只有相互协作、共同发力才能进一步增强追缴的广度和力度。如果被执行人同时承担刑事责任、民事责任，其财产不足以支付，且被不同法院查封、冻结、扣划的，追缴法院应与其他法院积极协商，按照《最高人民法院关于刑事裁判涉财产部分执行的若干规定》第十三条规定的顺序执行，即首先执行人身损害赔偿中的医疗费用，其次退赔被害人的损失，再次承担其他民事债务，接着执行罚金，最后执行没收财产。这样才能确保非法吸收公众存款案涉案款项最大限度地被追回。另一方面，涉案款项往往涉及领域比较广泛，需要和相关领域更多的企事业单位（公司）形成合力，分块追缴，就像缝衣服一样，一块一块地进行，这样拼凑起来才能追缴完毕所有涉案款项。

面对涉案群众人数众多，易引发群体事件的现实状况，从社会稳定大局出发，法院在非法吸收公众存款案处理过程中，应及时向市场监督管理局发出司法建议书，建议对从事非法集资活动的场所依法取缔关闭。

三、做好涉案款兑付工作是关键

做好集资参与人甄别、确认、登记及确定投资额工作是将追缴的涉案款兑付给集资参与人的关键。

（一）甄别集资参与人

三步走甄别集资参与人：(1) 法院向社会发布公告，通知涉案集资参与人积极申报投资情况。(2) 根据公安机关的报案情况甄别部分集资参与人。(3) 根据审计、鉴定意见及被告人的账本、会计账簿、记账凭证等甄别集资参与人。

（二）确定集资参与人资格及集资金额

(1) 对于有合同的申报人，根据被告人的账本记账情况，与被告人逐一确定是否为集资参与人及集资金额。(2) 对于没有合同的申报人，根据被告人的账本、转账凭证、证人证言及其他相关证据的作证情况确定其是否为集资参与人及集资金额。(3) 对于已经死亡的集资参与人，根据遗嘱继承、法定继承及公正情况，确定继承人。(4) 确因客观条件的限制无法核实集资参与人及集资金额的，可结合已收集的其他集资参与人、被告人、证人的言词证据、银行账户交易记录、会计凭证及会计账簿、资金收付凭证、审计报告、互联网电子数据等证据综合认定。

（三）涉案款仅兑付本金，不兑付利息

非法吸收公众存款案件，在兑付时除了本金外，是否还应兑付利息？已经支付的利息是否可以折抵本金？根据最高人民法院、最高人民检察院、公安部2014年3月25日发布的《关于办理非法集资刑事案件适用法律若干问题的意见》的第五条“关于涉案财物的追缴和处置问题”规定，向社会公众非法吸收的资金属于违法所得。以吸收的资金向集资参与人支付的利息、分红等回报，以及向帮助吸收资金人员支付的代理费、好处费、返点费、佣金、提成等费用，应当依法追缴。集资参与人本金尚未归还的，所支付的回报可予折抵本金。由此可见，非法吸收公众存款案件只兑付本金，不兑付利息。如果已经收取利息或者分红的，在兑付时应予以扣除。

对涉案财物不足以全部返还的，按照集资参与人的集资额比例返还。此时，集资参与人的回款=清退基数×清退率。清退基数是指集资参与人的集资本金减去从被告人处已经收回的本金、利息、分红等投资回报。清退率是司法机关追回的涉案款项数额除以应当清退的款项总额。

编写人：陕西咸阳市旬邑县人民法院　冯义　何健　姚宝民　梁艳

ISBN 978-7-5216-2518-9

9 787521 625189 >

图书在版编目（CIP）数据

中国法院2022年度案例．执行案例／国家法官学院，最高人民法院司法案例研究院编．—北京：中国法制出版社，2022.2

ISBN 978-7-5216-2518-9

Ⅰ.①中… Ⅱ.①国…②最… Ⅲ.①案例-汇编-中国 Ⅳ.①D920.5

中国版本图书馆CIP数据核字（2022）第025274号

策划编辑：李小草　韩璐玮（hanluwei666@163.com）
责任编辑：吕静云　　封面设计：李宁

中国法院2022年度案例．执行案例

ZHONGGUO FAYUAN 2022 NIANDU ANLI. ZHIXING ANLI

编者/国家法官学院，最高人民法院司法案例研究院
经销/新华书店
印刷/三河市紫恒印装有限公司
开本/730毫米×1030毫米　16开　　印张/15　字数/173千
版次/2022年2月第1版　　2022年2月第1次印刷

中国法制出版社出版
书号 ISBN 978-7-5216-2518-9　　定价：58.00元

北京市西城区西便门西里甲16号西便门办公区
邮政编码：100053　　传真：010-63141600
网址：http：//www.zgfzs.com　　**编辑部电话：010-63141792**
市场营销部电话：010-63141612　　**印务部电话：010-63141606**

（如有印装质量问题，请与本社印务部联系。）